Markus Beforth

10X für Immobilien-investoren

Erfolgsstrategien für den modernen Immobilienmarkt

ForwardVerlag

ForwardVerlag

10X für Immobilieninvestoren

Erfolgsstrategien für den modernen Immobilienmarkt

ForwardVerlag (StudyHelp GmbH), Paderborn
WWW.FORWARDVERLAG.DE

3. Auflage

Autor: Markus Beforth

Redaktion & Satz: StudyHelp GmbH
Kontakt: info@forwardverlag.de
Umschlaggestaltung: @magicdesign
Druck: mediaprint solutions GmbH

ISBN 978-3-98755-114-7

Inhalt

Über den Autor

Markus Beforth ist 10X-Immobilienunternehmer aus Leidenschaft.

Das Thema Immobilien war ihm jedoch nicht in die Wiege gelegt: Mehr durch Zufall kaufte der gelernte Banker, Finanzstratege und Unternehmensberater 2006 sein erstes Objekt zu Vermietung. Und noch eines. Und noch eines. Denn schnell hatte er erkannt, dass Immobilien der größte Hebel für ein Leben in finanzieller Gelassenheit und Freiheit sind.

Doch irgendwann fand sich Markus in der typischen prekären Situation von Immobilieninvestoren wieder, die er in diesem Buch ausführlich beschreibt: der 1X-Anlegerfalle.

In einer Zeit, in der es weder Bücher, Coaches noch YouTube-Tutorials oder Podcasts zum Thema gab, entwickelte er ein eigenständiges System, sich aus dieser Falle zu befreien. Sein 10X-System ermöglichte es ihm nicht nur, dieser Falle zu entkommen, sondern auch mit seinen Immobilieninvestments in neue Wachstumsdimensionen vorzustoßen.

Heute ist es Teil von Markus' Mission, nicht nur seine Unternehmen dank des 10X-Systems immer weiterzuentwickeln. Er möchte auch sein hart erarbeitetes Wissen weitergeben: an seine Seminarteilnehmer, seine ‚Coachees', seine Podcasthörer und an seine Leser. Er möchte sie damit vor all den Fehlern und Umwegen bewahren, die er selbst machen durfte.

Privat ist Markus glücklich verheiratet, Vater von zwei Töchtern und, wann immer es geht, auf seiner Trauminsel zu finden: Mallorca.

Prolog: „Wie macht ihr das?“

Es ist einer dieser Sommerabende, an denen die Holzdielen der Terrasse noch die Wärme des Tages abstrahlen, während ein leichter Luftzug für Abkühlung sorgt.

Der elegante Gasgrill ist bereits zugeklappt, die letzten Teller sind in die Küche geräumt. Um den Terrassentisch sitzen satt und zufrieden sitzen, von denen einer gerade sein Weinglas erhebt.

„Auf dein Sabbatical, liebe Julia“, sagt Frank lächelnd. Er war Julias erster Chef, als sie vor einigen Jahren in den Konzern eingetreten ist. Er hat sie von Anfang an protegiert, und die beiden sind in Verbindung geblieben, als Julia rasch die nächsten Karriereschritte außerhalb seines Teams vollzogen hat.

„Vielen Dank!“, erwidert sie und stößt erst mit Frank, dann mit ihrem Ehemann Christian an. „Wir freuen uns sehr, dass es endlich einmal wieder mit einem Treffen geklappt hat – und dass du auch deinen Sohn Jonas mitgebracht hast.“

Sie prostet dem ausgesprochen sympathischen jungen Mann zu, der ihr gegenübersitzt: „Gute Wahl übrigens, dein Studienfach.“

Jonas strahlt: „Ich habe mich schon immer für Gebäude interessiert, deshalb habe ich das Bauingenieurwesen gewählt. Da ich aber erst im Bachelor stecke, sind die Inhalte leider noch sehr theoretisch.“ „Weißt du schon, was du danach praktisch machen möchtest?“, fragt Christian.

Der junge Mann zögert etwas mit der Antwort: „Ich habe mich noch nicht entschieden.“

Mit einem Seitenblick auf seinen Vater ergänzt er: „Papa sähe es natürlich gerne, wenn ich nach dem Studium direkt in einen Baukonzern wechsele und dort Karriere mache – so wie er.“

„Wäre nicht die schlechteste Wahl, nicht wahr?“, sagt Frank stolz. „Da wird dir zwar nichts geschenkt, aber wenn du hart arbeitest, bekommst du auch gutes Geld. Und wer kann schon von sich behaupten, dass er mit Mitte 30 schon das eigene Häuschen für die Familie hinstellen konnte? Apropos Häuschen ...“

Er schaut Julia und Christian fragend an: „Hattet ihr nicht auch vor, euch ein Eigenheim zuzulegen? Was ist da schiefgegangen?"

Julia und Christian tauschen amüsierte Blicke.

„Schiefgegangen?", sagt Christian. „Nichts!"

„Nichts?", Frank setzt sein Weinglas etwas zu heftig auf der Tischplatte ab. „Aber ihr wohnt hier doch nach wie vor zur Miete, oder nicht?"

„Richtig", antwortet Julia. „Dafür haben wir in der Zwischenzeit ein paar andere Wohnungen gekauft."

„Ein paar gleich?", Frank schüttelt den Kopf.

Jonas dagegen hat sich aufgerichtet und verfolgt das Gespräch nun aufmerksam.

Christian dreht sein Weinglas am Stiel genüsslich hin und her, während er gelassen antwortet: „Genau genommen sind es 23 Einheiten. Und bald kommt noch ein Mehrfamilienhaus dazu."

„23 Wohnungen?", schnaubt Frank. „Für so etwas braucht man doch nicht nur enorm viel Zeit, sondern auch Geld wie Heu! Habt ihr geerbt oder was?"

Julia lacht: „Nein, haben wir nicht."

„Cool!", murmelt Jonas. Sein Vater jedoch schnappt nach Luft.

„Also, ihr verdient ja bestimmt beide ganz gut, doch das kann doch nie und nimmer reichen", Frank klingt inzwischen richtig besorgt. „Und wie passt das mit deinem Sabbatical zusammen, Julia? Du weißt schon, dass es für die Karriere und den Geldbeutel problematisch ist, mal eben für ein Jahr die Seele baumeln zu lassen …"

„Weiß ich", lächelt sie. „Deshalb werde ich voraussichtlich auch nicht mehr zurückkehren. Und Christian wird auf lange Sicht seinen Job auch aufgeben."

Wie aus einem Mund sagen Vater und Sohn – der eine entgeistert, der andere begeistert: „Wie macht ihr das?"

1 Das 1X-Dilemma

In der Anlegerfalle

Der Kauf von Immobilien ist eine der bewährtesten und sinnvollsten Möglichkeiten, Vermögen aufzubauen und zu sichern sowie Altersvorsorge zu betreiben – das hat sich inzwischen herumgesprochen. Deshalb haben sich in den letzten Jahren viele Menschen entschlossen, ihr Geld in Immobilien anzulegen. Ich finde das gut so!

Ich finde das sogar so gut, dass ich für alle, die sich auf den Weg machen, ihre erste Immobilie zu erwerben, bereits ein Buch geschrieben habe.

Dieses Buch ist für dich!

In meinem ersten Buch, *Von null auf Immobilien-Investor*, beschreibe ich alle notwendigen Schritte hin zum ersten erfolgreichen Kauf, einfach und anschaulich.

Falls du, liebe Investorenkollegin, lieber Investorenkollege, diesen Schritt in der Praxis noch vor dir hast und mein erstes Buch noch nicht kennst, möchte ich es dir unbedingt ans Herz legen.

Mein 1. Buch:

Darin findest du kompakt das komplette Wissen, das du für einen guten Start brauchst, zusammen mit vielen Beispielen und Tipps, die du sofort umsetzen kannst.

Das 10X-Buch, das du gerade in deinen Händen hältst, baut auf diesem Wissen auf und zeigt dir den Weg auf das nächste Level. Es gibt dir eine Perspektive, wo dein Engagement realistischerweise hingehen kann, sofern du das möchtest. Du wirst es deshalb auch nicht bereuen, wenn du das 10X-Buch zuerst liest und danach zu dem Basisbuch greifst. Nur gut möglich, dass du 10X anschließend noch einmal lesen willst.

> **Dieses 10X-Buch zeigt dir den Weg auf das nächste Level.**

Perfekt geeignet ist dieses Buch für dich auf jeden Fall, wenn du bereits eine oder auch mehrere Immobilien besitzt und überlegst, wie es weitergehen kann oder soll. Ich teile hier mit dir meine ganze Erfahrung als Immobilienanleger, Immobilieninvestor und schließlich Immobilienunternehmer. Diese Erfahrung durfte ich mir in den letzten zwanzig Jahren hart erarbeiten.

Ich schreibe für dich das Buch, das ich mir damals dringend gewünscht hätte.

Ein einsamer Weg

Damals gab es ein solches Buch nicht. Vieles von dem, was dir heute zum Thema Immobilieninvestment zur Verfügung steht, war nicht verfügbar: weder YouTube-Videos noch Seminare noch Coachings. Ich kannte auch niemanden, der sich damit auseinandersetzte. Und die Menschen in meinem Umfeld? Die waren fassungslos, als ich ihnen erzählte, dass ich meine gut dotierte Tätigkeit als Unternehmensberater sausen lassen wollte, um mich auf mein Immobiliengeschäft zu fokussieren.

Tatsächlich bin ich damals mehr durch Zufall in diese Branche geraten. Von Haus aus hatte ich zunächst eine Lehre in einer

Bank absolviert und dort auch gearbeitet. Als meine Eltern erfuhren, dass ich kündigen wollte, war ihre Reaktion: „Bleib doch besser. Das ist doch ein guter und sicherer Arbeitsplatz – und vielleicht wirst du mal Vorstand dort.“

Als ich in dem Konzern, in den ich wechselte, schnell und steil Karriere machte, waren sie zunächst beruhigt. Doch dann wollte ich schon wieder kündigen. Und mich auch noch als Unternehmensberater selbstständig machen.

„Junge, wie kannst du nur?“

Gar nicht so lange danach ergab es sich, dass ich meine erste Wohnung kaufte. Diese war ursprünglich für mich selbst gedacht, aber durch eine Fügung vermietete ich sie dann doch. Es stellte sich heraus, dass dies ein glücklicher Umstand war, denn ich entdeckte mein Herz für Immobilien. Dadurch und durch meine Excel-Affinität fand ich schnell in diesen Markt hinein.

Ohne Herausforderungen ging diese Entwicklung jedoch nicht ab. Im Gegenteil.

Der 9001. Versuch

Ich kann aus den ersten Jahren von vielen wachen Nächten berichten. Doch ich habe für diese Herausforderungen stets Lösungen gefunden – nicht weil ich die Weisheit mit Löffeln verzehrt habe. Ich habe einfach unfassbar viel ausprobiert.

Scherzhaft sage ich zu den Teilnehmern meiner Coachings heute, dass ich meine Coaching-Gebühren ans Finanzamt entrichtet habe, weil ich so viele Fehler gemacht habe. Die Schilderung dieser Irrwege erspare ich dir in diesem Buch. Die Welt hätte auch nicht davon profitiert, wenn Thomas Alva Edison haarklein von seinen fast 9000 vergeblichen Versuchen berichtet hätte, die Glühbirne zu erfinden. Wirklich bemerkenswert ist nur die Lösung, die am Ende dabei herauskommt.

> **Meine Coaching-Gebühren habe ich ans Finanzamt entrichtet.**

Auf die Lösungen, die ich gefunden habe, möchte ich mich in diesem Buch konzentrieren, selbst wenn ich im Nachhinein sagen kann: Ich bin an jeder einzelnen Herausforderung gewachsen. Ich durfte auf diese Weise Einsichten gewinnen, die mir niemand hätte beibringen können. Genau diese Einsichten bringe ich heute mit Freuden anderen nahe, damit sie sich diese Fehler sparen können.

Ich erlebe auch dank meiner Coachees und Seminarteilnehmer hautnah, wie es ihnen dadurch gelingt, endlich mit nachhaltigem Erfolg in Immobilien investieren und wachsen zu können. Denn sie lernen bei mir, jenes Dilemma zu erkennen und zu überwinden, in das die allermeisten Immobilienanleger unweigerlich geraten: das 1X-Dilemma.

Im 1X-Dilemma

Über kurz oder lang erwischt das 1X-Dilemma so ziemlich alle, die die Chance des Vermögensaufbaus über Immobilien erkannt und am Schopf gepackt haben. Sie können an einen Punkt kommen, der sie verzweifeln lässt.

> Frank, Julias ehemaliger Chef und erster Mentor im Konzern, sitzt immer noch kopfschüttelnd da. Allein die Vorstellung, dass die junge Frau ihre schöne Stelle aufgeben will, ist ihm unbegreiflich. Und fast noch unbegreiflicher ist für ihn, wie sie es schafft, jetzt bereits mit 23 Wohnungen zurechtzukommen.
>
> „Ich habe keine Ahnung, wie ihr das zeitlich hinkriegt", sagt er schließlich. „Das muss euch doch auffressen. Wenn ich überlege, wie viel Zeit mich allein unser Häuschen kostet ... Und noch arbeitet ihr doch auch eure 50 oder 60 Wochenstunden."
>
> „Ich gebe zu", Julia nippt nachdenklich an ihrem Wein, „dass uns dieser Aufwand zwischenzeitlich an den Rand gebracht hat."
>
> „Dich vor allem", wirft Christian mit einem liebevollen Blick auf sie

ein. „Ich kann einfach nicht mehr als maximal zehn Stunden in der Woche dazu beitragen."

Sie nickt und lächelt traurig: „Mit den ersten Immobilien war das alles noch gut nebenher zu managen. Aber mit jeder Wohnung wurde es mehr."

„Zeitenweise", sagt Christian, streckt die Hand nach Julias Hand aus und streichelt sie sanft, „hatten wir als Paar wochenlang keine einzige Stunde mehr miteinander."

Sie seufzt: „Und als dann auch gleichzeitig ein Wasserschaden in der einen Wohnung auftrat, wir den Ärger mit dem Nicht-Zahler in der anderen und auch noch einen Sabotagefall in der dritten Wohnung hatten, waren wir fast soweit, die Reißleine zu ziehen."

Frank fühlt sich bestätigt und lehnt sich in seinem Stuhl zurück. Er wirft seinem Sohn Jonas einen Blick zu, wie um zu sagen: ‚Da siehst du, zu was das führt ...'

Dieser Punkt der kompletten Verzweiflung kann – wie bei Julia und Christian – dann erreicht sein, wenn zufällig mehrere Ereignisse rund um die Immobilien gleichzeitig auftreten. In solchen Fällen höre ich von den Investoren, die bei mir Rat suchen: „Ich weiß einfach nicht mehr, wo mir der Kopf steht. Keine Ahnung, was ich tun soll ..."

Oder es steht ein großer Karriereschritt an und der Coachee sagt mir: „Ich muss dieses Immobilienthema irgendwie loswerden, denn schau: Allein das, was ich habe, wird mich zeitlich überfordern, und weiteres Wachstum ist auch nicht drin, weil das noch mehr Zeit erfordert!"

Oder die Lebenssituation eines Paares ändert sich und der eine Partner erzählt mir: „Wir müssen in eine andere Stadt umziehen und können bald nicht mehr schnell mal bei unseren Wohnungen vorbeifahren, wie bisher. Meine Frau macht da nicht mehr mit, weil sie sagt, dass wir dann überhaupt keine Zeit mehr füreinander haben."

All diesen Anlegern gemeinsam ist das Gefühl der Überforderung. Viele reagieren sehr menschlich: Sie wollen sofort die

Flucht ergreifen und möglichst schnell verkaufen. Von mir wollen sie dann oft nur noch wissen, wie sie das am besten tun.

Gemeinsam ist ihnen das Gefühl der Überforderung.

In aller Regel rate ich ihnen natürlich dringend von einem Verkauf ab. Ich erkläre ihnen stattdessen, dass sie nur gerade in der klassischen Anlegerfalle sitzen, und auch, wie sie dort hineingeraten sind – und wieder herauskommen können. Denn im Grunde ist dieses 1X-Dilemma selbst gemacht.

In der Falle aus Prinzip

Die Ursache dieses Dilemmas liegt in einer Grundannahme dazu, wie Vermögensaufbau funktioniert. Die am weitesten verbreitete Annahme dazu ist, dass es nur einen soliden Weg dafür gibt – und der basiert auf dem Zeit-gegen-Geld-Prinzip.

Die Lebensrealität von Angestellten im Konzern zum Beispiel ist ausschließlich von diesem Prinzip geprägt: Um voranzukommen, maximierst du dort ab einer gewissen Karrierestufe zunächst deinen Zeiteinsatz. Aus 40 Wochenstunden werden 50, 60 oder 70 Wochenstunden. Dadurch steigt vielleicht zunächst nicht dein Stundenlohn, der Betrag des überwiesenen Gehalts aber schon. Doch das Steigerungspotenzial über die eingesetzte Zeit ist endlich.

Vielleicht ist noch eine gewisse Erhöhung des Stundensatzes über einen strategischen Stellenwechsel oder eine Kompetenzerweiterung möglich, aber schlussendlich bleibt es im Angestelltenverhältnis immer bei dem Zeit-gegen-Geld-Prinzip.

Bist du selbstständig, ist die Situation an sich etwas besser: Du kannst deinen Stundenlohn theoretisch dadurch maximieren, dass du Angestellte hast. So verdienst du nicht nur an deinem eigenen Stundenlohn, sondern auch am Stundenlohn der anderen, die du managst. Am grundlegenden Prinzip ändert sich jedoch immer noch nichts, weil deine Zeit der limitierende Faktor bleibt – aus diesem Dilemma kommst du nicht heraus.

> **Deine Zeit bleibt der limitierende Faktor.**

Und genau so kommt es zu dem 1X-Dilemma, wenn du Immobilienbesitzer wirst.

Dein selbst genutztes Einfamilienhaus zum Beispiel bezahlst du gemäß des Zeit-gegen-Geld-Prinzips ab: Du verdienst dein Geld an anderer Stelle, stotterst damit dein Haus ab und bildest dadurch ein gewisses Maß an Vermögen. Du erwirtschaftest diesen Vermögenswert also aus eigener Kraft.

Das ändert sich in dem Moment, wenn du Immobilien kaufst, in denen du nicht selbst wohnst.

In der Anlegerfalle

Vermietete Immobilien werden nicht durch dich, sondern durch andere bezahlt. Das ist fast so, wie wenn du dich selbstständig machst: Du verdienst an der Differenz aus Zeit und Leistung deiner Mitarbeiter mit, durch ihre Zeit-gegen-Geld-Arbeit steigern sie deinen Gewinn. Und deine Mieter zahlen mit ihrem Zeit-gegen-Geld-Lohn deine Immobilie ab. Im Idealfall gewähren sie dir sogar einen Überschuss. Deine Mieter schaffen dir also einen Vermögensgegenstand, der nicht nur aus deiner eigenen Kraft erwächst.

Bist du damit schon aus dem Zeit-gegen-Geld-Ding raus? Nein. Und damit komme ich zu der eigentlichen Anlegerfalle.

Genau wie der Selbstständige, der zwar immer mehr Mitarbeiter einstellen kann, aber irgendwann an seine eigene Kapazitätsgrenze stößt, sie alle zu managen, kommt auch der Immobilienanleger irgendwann an die Grenze seiner zeitlichen Belastbarkeit.

Meiner Beobachtung nach liegt diese Grenze, je nach individueller Situation und Immobilienbestand, zwischen zwanzig und vierzig Einheiten. Ab da schnappt die Falle zu, denn dann kommt der Verwaltungsbumerang gnadenlos zurück und streckt den Betroffenen nieder.

Der Verwaltungsbumerang kommt gnadenlos zurück.

Dieser Bumerang kann sich formen, indem in kürzester Frist ein Mieter auszieht, ein anderer einen Wasserschaden meldet, einer seine Miete nicht zahlt und dann auch noch ein Schreiben vom Mieterbund wegen einer angeblich falschen Nebenkostenabrechnung ins Haus flattert. Der Anleger bekommt schmerzhaft zu spüren: Mit jeder gekauften Immobilie hat er mehr Arbeit und weniger Zeit.

Der Knackpunkt

Es stellt sich heraus, dass das theoretisch passive Einkommen, das der Käufer mit einer Immobilie erwirbt, gar nicht so passiv ist, sondern einer gewissen Beachtung und Steuerung bedarf. Und irgendwann ist der Knackpunkt erreicht, an dem klar wird: Die eigene Kapazitätsgrenze ist erreicht oder gar überschritten. Spätestens dann scheint der Wunschtraum vom immer weiterwachsenden Immobilienbestand zum Platzen verurteilt.

Das passive Einkommen ist gar nicht so passiv.

Diesen Knackpunkt habe ich in einem ganz anderen Kontext immer wieder beobachtet: in den rasch wachsenden Konzernen, in denen ich gearbeitet habe, und in den vielen Unternehmen, in die ich als Berater genau in solchen Situationen gerufen wurde. Der Punkt ist immer dann erreicht, wenn die Zeit des Verantwortlichen nicht mehr ausreicht, um seine Leute und die Prozesse vernünftig zu managen – das ist das 1X-Dilemma in Unternehmen.

Einem Selbstständigen oder Unternehmer würde ich in dieser Situation empfehlen, in seine Organisation eine Hierarchieebene einzuziehen und aus den Mitarbeitern Teams zu formen. Dir als Immobilieninvestor möchte ich allerdings davon abraten, aus deinen Mietern Teams zu bilden. Wie deine Lösung des 1X-Dilemmas aussehen kann, stelle ich dir in Kapitel 2 vor.

2 Das 10X-System

Vom Anleger zum Investor

Julia bemerkt den vielsagenden Blick sehr wohl, den Frank seinem Sohn zuwirft, während sie von jener Phase erzählt, in der ihr und Christian der Immobilienbestand über den Kopf zu wachsen drohte.

Sie zwinkert ihrem Ex-Chef zu und sagt: „Ja, das war hart. Aber du kennst mich ja: So leicht gebe ich nicht auf. Im Anschluss an diesen Tiefpunkt haben wir uns aktiv umgesehen, nach Lösungen gesucht und uns erzählen lassen, wie andere das machen."

„Genau", bekräftigt Christian. „Und in einem Seminar haben wir dann den entscheidenden Tipp bekommen. Das war ein echter Augenöffner und hat unser Herangehen komplett verändert."

„Darf ich fragen, was das für ein Tipp war?", Jonas hat das Gespräch fast atemlos verfolgt. Er scheint Franks Skepsis nicht zu teilen.

„Aber natürlich gerne", antwortet Julia und sieht den jungen Mann halb überrascht, halb neugierig an. „Ich freue mich über dein Interesse!"

Sie überlegt kurz, dann setzt sie zu einer ausführlicheren Erklärung an: „Nun, im Grunde geht es darum, mit einem anderen Denken an die Sache heranzugehen ..."

Was Julia Jonas nun erläutern wird, ist der wichtigste Unterschied zwischen dem, was sich realistischerweise mit dem 1X-System erreichen lässt – und was mit dem 10X-System. Dieser Unterschied lässt sich auf einen Begriff reduzieren und der lautet „Skalierbarkeit".

Fliehst du oder kämpfst du?

Im 1X-System machst du unmittelbar oder zumindest mittelbar noch alles selbst. Du betreust deine Mieter selbst, vielleicht sogar noch mit deiner Excel-Liste oder hakst Kontoauszüge ab. Womöglich hat auch noch jeder Mieter deine Telefonnummer und du hast ihnen gesagt, dass sie sich melden dürfen, wenn irgendwas ist.

Das ist übrigens ein ganz klassischer Fehler. Ich kann in meinen Seminaren so oft davor warnen, wie ich möchte – die Antwort der Anleger ist am Anfang immer dieselbe: „Aber es ist doch mein Mieter!"

Ja, er ist dein Mieter. Und wenn dieser eine Mieter alle zwei Jahre bei dir anruft, ist das für dich wahrscheinlich wirklich in Ordnung. Nun stelle dir aber vor, du hast 20, 30 oder 40 Mieter. Selbst wenn jeder Einzelne von denen ebenfalls nur alle zwei Jahre anruft, wirst du im Schnitt bereits einmal monatlich durch ein Telefonat aus deiner Arbeit herausgerissen. Und da diese Anrufe nie gleich verteilt sind, sind es in einer Woche auch mal drei. Ist das für dich immer noch in Ordnung?

Das ist das Problem des 1X-Dilemmas: Du kannst alle anfallenden Aufgaben bis zu einem gewissen Maß bewältigen. Aber in der Multiplikation eben nicht.

Irgendwann stößt du mit deinen Wachstumsplänen an die Grenze des Machbaren und hast im Grunde nur noch zwei Optionen: Entweder ergreifst du die Flucht, weil du glaubst, dass mehr als zehn Mieter eben nichts für dich sind. Oder du entscheidest dich für den Kampf und stellst dich der Herausforderung, weil du glaubst, dass du imstande bist, Lösungen dafür zu finden.

> **Sind mehr als zehn Mieter eben nichts für dich?**

Ich habe dieses Buch geschrieben, um dir zu zeigen, dass es diese Lösungen gibt. Und dass du nicht die einzige Person bist, die sich jemals dieser Herausforderung gegenüber gesehen hat. Und sehr viele Menschen haben sie erfolgreich gemeistert. Dir zu vermitteln, DASS das möglich ist, ist mir mindestens so wichtig, wie dir zu zeigen, WIE das möglich ist.

Alles, was du dafür brauchst, ist ein anderes System. Ein System, das skalierbar ist. Ein System, in dem du mit deinen Ressourcen nicht mehr der limitierende Faktor bist. Und für dieses System brauchst du ein anderes Denken.

Das 10X-Denken

Albert Einstein wird der Satz zugeschrieben: „Probleme kann man niemals mit derselben Denkweise lösen, durch die sie entstanden sind."

Welche Probleme aus der 1X-Denke heraus entstehen, habe ich dir im vorangegangenen Kapitel geschildert. Lösen lassen sich diese Probleme mit einer Herangehensweise, die ich die 10X-Denke nenne.

„10X" steht hier für den Multiplikationsfaktor – und für deine Freiheit, alles, was du tust, mal zehn zu denken. Dabei ist die Zahl 10 nur ein Platzhalter. Sie soll dich nicht limitieren. Es steht dir frei, 10X durch 100X oder 1000X zu ersetzen.

10X soll dich nicht limitieren.

In welcher Dimension auch immer: Dieses Denken hat sowohl einen fantasievollen Aspekt als auch einen mahnenden. Der fantasievolle Anteil drückt sich in der Frage aus: Wenn du schon etwas machst, warum machst du es nicht gleich zehnmal so groß?

Der mahnende Aspekt zeigt sich in dieser Frage: Welche Voraussetzungen musst du schaffen, um es zehnmal so groß zu machen? Schließlich musst du zehnmal so viel Arbeit investieren, zehnmal so viele Dinge anstoßen, zehnmal so viele Dinge, die zurückkommen. Dass das dann nicht alleine geht, ist ziemlich offensichtlich.

Diese mahnende Frage bringt dich auch sofort auf den Boden, sobald du dich dabei ertappst, dass du denkst: „Ach, das mache ich schnell selbst." Überlege dir, wie es wäre, wenn dieses Thema, das du „schnell selbst machst" zehnmal so groß wäre: Eine Baustelle selbst organisieren – okay. Aber zehn Baustellen – auch noch okay?

Genau da kommt das 10X-System zum Tragen.

Dein Türöffner zur Skalierbarkeit

Beim 10X-System geht es nämlich schlicht und ergreifend darum, dass du die Rahmenbedingungen dafür schaffst, dass du viele der 1X-Themen gar nicht mehr auf den Tisch bekommst.

Wie ein gut aufgestellter Unternehmer kannst du dich mithilfe des 10X-Systems langfristig darauf beschränken, AN deinem Immobiliengeschäft und seiner Struktur zu arbeiten, statt darIN. Damit öffnest du die Tür für eine Skalierbarkeit deiner Unternehmung, die nicht mehr von deiner persönlichen Ressourcenausstattung limitiert wird.

Und das funktioniert!

Das beweisen die vielen Immobilienanleger, die auf diese Weise den Schritt zum erfolgreichen 10X-Immobilieninvestor geschafft haben. Ihr Vorbild sollte dir Mut machen, denn die meisten von ihnen sind weder Finanzgenies noch Glücksritter. Es sind „ganz normale" Menschen. Sie waren allerdings bereit, für ihren Erfolg auch hart zu arbeiten.

> **10X-Immobilieninvestoren sind weder Finanzgenies noch Glücksritter.**

Denn eines muss dir klar sein: Der Erfolg stellt sich nicht von jetzt auf gleich ein!

Denken, planen, handeln

Für deinen Systemwechsel brauchst du sowohl eine gute organisatorische Vorbereitung als auch die richtigen Leute und die richtigen Prozesse. Und darüber hinaus hat das Ganze auch eine finanzielle Größe: Du musst dir die entsprechende Ausstattung leisten können. Mit einem Cocktail in der Hand auf Bali am Strand zu liegen, während dein Unternehmen von alleine läuft und dir den riesigen Überschuss erwirtschaftet – das erfordert im Vorfeld ein großes Invest, erst in Zeit und sukzessive auch in Geld.

Und noch davor steht erstens ein Wechsel im Denken und zweitens ein klares Ziel.

Ausgestattet mit neuem Denken und einem Ziel gehst du jeden deiner Schritte viel strategischer, viel organisatorischer, viel geplanter an. Das heißt, du fängst an zu agieren statt nur zu reagieren.

> **Du fängst an zu agieren statt nur zu reagieren.**

Dafür musst du natürlich wissen, wo du hinwillst. Deshalb wird die Formulierung deines Ziels auch Thema im nächsten Kapitel sein. Dein Ziel darf sich mit der Zeit auch verändern, keine Frage. Aber du solltest zu jeder Zeit ein Ziel haben, um zu überprüfen: Bringt mich dieser Schritt tatsächlich in die gewünschte Richtung?

Die klassischen 1X-Anleger haben dieses Ziel nicht: Sie arbeiten sich nur von Immobilie zu Immobilie voran. So mag sie jeder Wohnungskauf vielleicht ein Stück weiter in Richtung Altersvorsorge oder Ähnliches bringen, aber sie stellen nicht die richtigen Weichen für das, was folgt – und verbauen sich damit alle Möglichkeiten. Weil sie eben reagieren, nicht agieren.

Die erste Fahrstunde

10X gilt übrigens für alle Teilbereiche des Immobilieninvestments: für die Akquise, für die Finanzierung und für die Verwaltung. Deshalb gehe ich mit dir in diesem Buch diese drei zentralen Bereiche im Einzelnen durch. Wir schauen uns an, was das 10X-Denken jeweils konkret bedeutet und wie du es umsetzen kannst.

Für den Anfang jedoch ist das Wichtigste, dass du dir des 1X-Dilemmas bewusst wirst – und der Herausforderung, es durch 10X-Denken lösen zu wollen, selbst wenn du zunächst das Gefühl hast, dass du das unmöglich schaffen kannst. Falls dich diese Zweifel plagen, bist du damit nicht allein: Viele meiner Coachees und Seminarteilnehmer sagen zu der 10X-Idee im ersten Moment: „Kann ich mir nicht vorstellen."

> **Der erste Moment: „Kann ich mir nicht vorstellen."**

Um diese innere Sperre aufzulösen, gebe ich ihnen dann gerne folgende Übung: Sie sollen überlegen, welcher Herausforderung sie sich in ihrem Leben bisher gegenübergesehen und sie NICHT gelöst bekommen haben. Das sind wahrscheinlich nicht viele, selbst wenn einige dieser Herausforderungen ihnen zunächst unlösbar schienen.

Ich erinnere sie zum Beispiel an ihre erste Fahrstunde. Da ging es wohl den meisten so wie mir: Mir war klar, dass das Fahrenlernen machbar sein muss, denn schließlich besitzt die halbe Welt den Führerschein. Aber als ich zum ersten Mal neben dem Fahrlehrer saß und auf das Kupplungspedal trat, spürte ich, wie mein Bein zitterte. In diesem Augenblick war es mir unmöglich, mir vorzustellen, dass ich jemals selbstständig ein Auto fahren könnte. Und heute? Manchmal weiß ich gar nicht mehr, wie ich von A nach B gekommen bin, weil alles automatisiert abläuft.

Das ist beim Immobilienkauf nicht anders. Meine liebe Frau sagt, dass ich Immobilien kaufe wie andere Leute Schuhe. Ich muss gestehen: Ich finde Schuhe kaufen deutlich komplizierter. Es ist alles eine Frage der Routine.

Und eine Frage der richtigen Fragen.

Die richtigen Fragen

Um mein 10X-System umzusetzen, habe ich drei Leitfragen entwickelt, mit denen ich jede meiner Aktivitäten abklopfe. Mit ihrer Hilfe stelle ich sicher, dass meine Geschäfte im 10X-System funktionieren und ich die maximale Entlastung meiner Ressourcen erreiche.

Die drei Leitfragen lauten:

1. Wer macht das außer mir?
2. Wer macht das besser als ich?
3. Wie skaliert sich mein System von alleine?

10X-Frage #1:

Wer (oder was) macht das außer mir?

Diese Frage ist zu 100 Prozent logisch, denn du hast gesehen: In deinem 1X-System bist du mit deinen Ressourcen der limitierende Faktor. Also muss es im 10X-Denken darum gehen, alle, wirklich alle Aufgaben, die du bisher selbst gemacht hast, daraufhin zu prüfen, ob und wie sie ohne den Einsatz deiner persönlichen Ressourcen laufen könnten.

Deshalb lautet die Grundregel bei allen anstehenden Aufgaben: Nimm dich selbst erst einmal aus der Rechnung heraus!

> **Nimm dich selbst aus der Rechnung heraus!**

Sei bereit, offen darüber nachzudenken, wer oder was in der Lage ist, die entsprechende Aufgabe zu erledigen. Am besten bewertest du in diesem Moment noch gar nicht, wie gut oder schnell ein anderer/etwas anderes diese Aufgabe bewältigen würde. Sammle zunächst einfach die Möglichkeiten.

Mit Leitfrage #1 verschaffst du dir den Überblick, an welcher Stelle und mit welcher fremden Ressource du deine eigenen Ressourcen entlasten könntest. Das ist gut und wichtig, weil du deine Handlungsoptionen kennenlernst. Beruhen lassen kannst du es auf dieser Frage jedoch noch nicht ...

„Wir haben uns damals zunächst die Frage gestellt: Wer macht das außer uns?“, erzählt Julia.

Jonas ist sichtlich ganz Ohr, während sein Vater Frank mit gerunzelter Stirn sein geleertes Weinglas betrachtet.

„Und eine erste Antwort darauf ist uns quasi in den Schoß gefallen, nicht wahr, Christian?“

Ihr Ehemann nickt: „Richtig. Man könnte auch sagen, wir sind auf diese scheinbar so naheliegende Antwort hereingefallen. Aber wie heißt es so schön? Aus Fehlern wird man klug.“

„Es war nämlich so“, sagt Julia, „dass die Frau, von der wir unsere nächste Wohnung gekauft haben, bereits vor vielen Jahren die Hausverwaltung mit der sogenannten Sondereigentumsverwaltung beauftragt hatte – das heißt, dass die Mitarbeiter dort sich um alles kümmern. Diesen Service kannten wir so gar nicht, und der ist auch nicht günstig, aber wir dachten, dass das in unserer Situation eine gute Sache ist.“

„Und das war es nicht?“, will Jonas wissen.

„Nein, leider nicht“, sie schüttelt den Kopf. „Das hat sich glücklicherweise recht schnell herausgestellt, noch bevor wir weitere Wohnungen aus unserem Bestand in solche Hände gegeben haben. ... Übrigens, Schatz, schenkst du unseren Gästen noch einmal nach?“

„Gern!“, Christian nimmt die Weinflasche aus dem Kühler. „Frank?“

„Ja, bitte“, antwortet dieser säuerlich und streckt ihm sein Glas entgegen.

„Jonas?“

„Mir nicht, danke! Ich bin der Fahrer“, erwidert Jonas und wendet sich dann wieder Julia zu. „Was wollten Sie ... äh ... du erzählen, Julia?“

Sie quittiert seinen Wissensdurst mit einem Lächeln, lässt sich von Christian noch einen kleinen Schluck nachschenken und fährt fort: „Schon wenige Wochen nach der Übernahme hat mich die Mieterin angerufen und sich bitter beklagt: Der Handwerker, den ihr die Hausverwaltung wegen eines defekten Duschthermostats geschickt hatte, hatte die Armatur abgebaut und war dann verschwunden. Seither konnte sie die Dusche nicht nutzen. Nachdem sie sage und schreibe vier Wochen lang vergeblich versucht hatte, die Hausverwaltung in der Sache zu erreichen, wandte sie sich an mich.“

„Kann man ihr nicht verdenken, oder?“, wirft Frank ein. „Um so ein Objekt muss man sich am Ende doch immer selbst kümmern.“

„Das habe ich damals auch gedacht“, erwidert Julia. „Jedenfalls habe ich es dann selbst bei der Hausverwaltung versucht. Ich weiß nicht, wie oft ich anrufen musste, um endlich jemanden zu erreichen, der mir nur sagen konnte, dass die Sachbearbeiterin erst krank gewesen und dann in Urlaub gegangen sei. In zwei oder drei Wochen sei sie wieder da und würde die Angelegenheit dann regeln. Ich war wie vor den Kopf geschlagen. So hatten wir uns diese ‚Sondereigentumsverwaltung‘ nicht vorgestellt.“

Christian fügt hinzu: „Tja, und das Ende vom Lied war, dass die Mieterin die Nase voll hatte und gekündigt hat. Was ja an sich nicht so schlimm gewesen wäre, weil ein Mieterwechsel immer die Chance bietet, die Miete zu entwickeln. Aber so kam der Punkt, der das Fass bei uns zum Überlaufen brachte.“

„Ja, und wie!“, bekräftigt Julia und schnaubt. „Ich weiß noch, wie ich aus allen Wolken gefallen bin, als ich rein zufällig die Mietanzeige für unsere Wohnung gesehen habe: Die Hausverwaltung hat sie zu exakt derselben Miete angeboten wie vorher. Und als ich sie auf diesen Fehler aufmerksam gemacht habe, hieß es nur: Das ist kein Fehler, das machen wir immer so. Ich war empört!“

Christian lehnt sich zurück, schwenkt den Wein in seinem Glas und ergänzt: „Diese Erfahrung hat uns gelehrt, dass es nicht reicht, die Frage zu beantworten, wer außer uns eine Aufgabe irgendwie erledigen kann. Erst die zweite Frage bringt einen wirklich auf das nächste Level.“

10X-Frage #2:

Wer (oder was) macht das besser als ich?

Ich persönlich habe es mir zur Regel gemacht, Aufgaben nur an Personen, Systeme oder technische Hilfsmittel abzugeben, die diese besser erledigen können als ich. Gerne auch deutlich besser. Und ich fahre hervorragend damit.

Denn wenn du überlegst: Du gehst mit dem 10X-System in Richtung Unternehmertum. Das heißt, du willst dir nicht nur Arbeitskraft einkaufen, sondern möglichst auch Qualifikationen und Eigenschaften, die du selbst nicht hast.

Das können neue Ideen sein, ein neuer Spirit, neue Erfahrungen und/oder neue Arbeitsweisen. Du ersetzt nicht nur einfach deine Ressource durch die von jemand anderen, sondern du kannst dir genauso gut einen Vorteil einkaufen. Endlich tauschst du nicht mehr Zeit gegen Geld, sondern kaufst dir Fähigkeiten ein, die dein System besser und damit gewinnträchtiger machen.

Das ist ungleich schlauer, als dich nur nach einem Klon umzusehen, der es genauso macht wie du. Denn derjenige, dem du deine auf dich zugeschnittene Arbeitsweise vorschreibst, kann es maximal so gut machen wie du. Wahrscheinlich macht er es sogar schlechter, weil es eben deine und nicht seine Arbeitsweise ist. Er darf nicht seine eigenen Erfahrungen einbringen, er muss „Dienst nach Vorschrift" leisten, und entsprechend ist das Ergebnis. Das kann nur zu deinem Nachteil sein.

Du musst dich aber nicht damit zufriedengeben, dass die Aufgabe „nur" so gut erledigt wird, wie du es gekonnt hättest. Du darfst und sollst mehr wollen: Suche dir jemanden, der es besser macht. Das ist der 10X-Ansatz!

Du darfst und sollst mehr wollen.

Wichtig: Wie bei 10X-Leitfrage #1 geht es zunächst darum, dass du ergebnisoffen über verschiedene Lösungen nachdenkst und nicht von vornherein Optionen ausschließt. Denn welche Aufgaben du anschließend tatsächlich abgibst, bleibt immer noch deine Entscheidung. Mag sein, dass du an dem einen Thema selbst Interesse hast und es deshalb nicht abgeben willst. Oder dass du eine andere Aufgabe für strategisch so wichtig erachtest, dass du sie lieber in der Hand behältst. Oder dass du – gerade am Anfang – schlichtweg noch nicht über die nötige Liquidität verfügst, um jemand anderen dafür zu bezahlen, dass er die Arbeit übernimmt.

Wie auch immer deine Entscheidung schlussendlich aussieht: Du solltest alle Optionen durchdacht haben. Nur dann kannst du den eigentlichen Prozess von Beginn an so gestalten, dass er irgendwann einmal von einer anderen Person übernommen werden kann – denn das ist das 10X-Ziel. Oder besser gesagt: das Zwischenziel. Denn das eigentliche Ziel ist, dass du dich noch nicht einmal mehr selbst um die Weiterentwicklung deines Systems kümmern musst.

Dahin führt dich die dritte und letzte Leitfrage des 10X-Systems.

10X-Frage #3:

Wie skaliert sich mein System von alleine?

Du hast mit der Zeit dank der 10X-Leitfragen #1 und #2 an jedes einzelne Rädchen in deinem System eine Suchanzeige geheftet: „Wer kann mich am Laufen halten bzw. noch ein bisschen besser zum Laufen bringen?“ Damit hast du den ultimativen Überblick und kannst dir gezielt Leute und Prozesse suchen, die sich um die Antworten kümmern – und das besser als du.

Der ultimative 10X-Ansatz ist, dass dein System nicht nur im Notfall ohne dich läuft, sondern dass dein System vor allem dann immer besser wird, je mehr du dich herausnimmst. Das ist das Ziel: Du bekommst die Freiheit, in der Sonne zu chillen oder sonst etwas zu tun, während parallel die Akquise, die Finanzierung und die Verwaltung weiter – und immer besser laufen.

Ich kann dir versichern: Das geht!

Es ist ein offenes Geheimnis, dass ich mich einmal im Jahr für drei Wochen in eine Ayurveda-Kur verabschiede und in dieser Zeit mein Handy mehr oder weniger ganz ausmache. Und ich fahre dorthin nicht mit dem mulmigen Gefühl: „Hoffentlich wird nichts passieren", sondern mit dem Wissen, dass nichts passieren wird.

Sprich: Das echte 10X-Level erreichst du, indem du nicht nur danach strebst, dich selbst weniger und weniger ins Tagesgeschäft zu involvieren. Du erreichst es, indem du dein System so baust, dass es sich – von dir unabhängig – selbst skaliert und verbessert.

> **Du baust dein System so,**
> **dass es sich selbst verbessert.**

Das kennzeichnet das 10X-System in Reinkultur und ist so etwas wie die Krönung. Diese steht am Ende eines langen Weges vom 1X- zum 10X-System.

In den folgenden Kapiteln stelle ich dir für die Akquise, die Finanzierung und die Verwaltung die einzelnen Schritte hin zu diesem Ziel vor. Und im jeweils letzten Abschnitt der Kapitel gebe ich dir noch gezielt Anregungen, wie du dein sich selbst skalierendes System aufbauen kannst.

Lass uns also bei der Akquise einsteigen. Doch sei nicht überrascht, wenn wir nicht mit der Suche nach der ersten Immobilie starten. Die 10X-Akquise beginnt nämlich schon lange davor …

3 Schritt für Schritt zur 10X-Akquise

Effizient und fokussiert

Ich habe schon darauf hingewiesen: Die Basics zur Akquise einer Immobilie findest du ausführlich in meinem ersten Buch beschrieben. Ich werde in letzter Zeit häufiger gefragt, ob diese Basics denn immer noch Gültigkeit haben, nachdem der Immobilienmarkt sich seither doch gründlich verändert hat. Meine Antwort darauf ist ein klares „Ja“.

Anders und doch gleich

Richtig ist zwar, dass es 2022 – im Gegensatz zu heute – noch eine Herausforderung war, für attraktive Angebote beim Makler überhaupt einen Termin und dann auch noch eine Kaufzusage zu bekommen. Das hat sich zugegebenermaßen komplett gedreht: Ich bekomme inzwischen nicht nur alle Exposés, die ich anfrage, und muss Besichtigungstermine nicht akzeptieren, sondern kann sie vorschlagen. Zeitweise habe ich sogar Exposés von Maklern erhalten, die ich gar nicht angefragt hatte.

Die Ursache für diese Veränderung ist bekannt: Die Zinsen sind überraschend schnell und stark gestiegen. Damit hatte niemand gerechnet, entsprechend kalt wurden etliche Anleger, Projektentwickler und auch Maklerbüros erwischt.

In der Folge gibt es im Gegensatz zu früher erheblich mehr Angebote auf dem Markt. Das liegt nicht unbedingt daran, dass sich wesentlich mehr Menschen dafür entscheiden, ihre Immobilie zu verkaufen. Vielmehr bleiben die einzelnen Objekte länger als vorher auf dem Markt.

Gleichzeitig kommen weitere Angebote nach: Eine Welle baut sich auf. Obendrauf kommen noch jene Immobilienbesitzer, die vor dem Zinsanstieg ihren Verkauf hinausgezögert hatten in der Hoffnung auf noch höhere Preise. Die versuchen nun teilweise immer noch, jemanden zu finden, der bereit ist, den Top-Preis von damals zu zahlen.

Diesem größeren Angebot steht ein deutlich kleinerer Interessentenkreis gegenüber.

Die Situation ist also an sich ein Traum für alle Immobilieninvestoren und -unternehmer – allerdings ein Traum, für den sie nach wie vor etwas tun müssen.

> **Die Situation ist an sich ein Traum für alle Immobilieninvestoren.**

Das ist auch der Grund, warum die Spielregeln für den erfolgreichen Erwerb von Immobilien, die ich in meinem ersten Buch sehr detailliert erklärt habe, zu 90 Prozent nach wie vor gelten.

Ich beobachte allerdings, dass manche Investoren das anders handhaben.

Geschäft oder Ego?

Diese Investoren verzichten zum Beispiel ganz bewusst darauf, weiterhin wertschätzend mit Maklern umzugehen. Ich habe den Eindruck, dass sie jetzt, wo sie sich endlich am längeren Hebel wähnen, Makler kalt lächelnd auflaufen lassen: Sie gehen nicht ans Telefon, halten sie hin, feilschen um die Provision.

Ich halte dieses Verhalten aus zwei Gründen für extrem kurzsichtig: Erstens kostet es mich keinen Cent und kaum Zeit extra, wenn ich Maklern weiterhin freundlich begegne. Zweitens werden sich die Zeiten auch wieder ändern – und dreimal darfst du raten, welchen Investor diese Makler anrufen, wenn ihnen dann ein interessantes Objekt unterkommt: den, der immer nett war, oder den, der sein Ego hat heraushängen lassen?

Wen rufen die Makler an?

Tatsächlich verändert sich der Markt aktuell schon wieder leicht. Das liegt erstens daran, dass die Ungewissheit, wie es mit den Zinsen weitergeht, gewichen ist. Und zweitens werden die Vorstellungen zum Kaufpreis bei Verkäufern und Maklern inzwischen wieder realistischer. Entsprechend mehrt sich auch die Zahl der Interessenten wieder.

Verwunderlich ist das nicht, denn eines ist in all den Phasen der Veränderung gleich geblieben oder hat sich sogar verstärkt: die Einsicht, dass Inflation Einfluss auf das eigene Leben hat.

Auf der richtigen Seite

Inflation hat zwei Seiten: Auf der einen Seite bedeutet sie Vermögensverlust und auf der anderen Seite Vermögenssteigerung. Es macht daher einen großen Unterschied, auf welcher der beiden Seiten man investiert.

Falls du schon 10X-Investor oder auf dem Sprung dahin bist, stellt sich die Situation ziemlich komfortabel dar: Wenn du die Dinge gut und strukturiert, sprich 10X-mäßig aufsetzt, bekommst du nicht nur gelegentlich einen guten Deal zu fassen, sondern oft. Du bekommst sogar fast zu viele gute Deals angeboten. Aber besser du hast drei gute Deals auf dem Tisch, von denen du nur einen oder zwei kaufen kannst, als keinen, oder?

> **Du bekommst sogar zu viele gute Deals angeboten.**

Und den dritten musst du auch nicht wegwerfen: Den gibst du einfach entweder an jemanden, den du gut leiden kannst. Oder an jemanden, der dir gerne für dieses gut vorbereitete und gut verhandelte und umfangreich kalkulierte Angebot 1 Prozent Kommission zahlt. Warum denn nicht? Es gibt genug Menschen, die gerne in Immobilien investieren wollen, aber sich nicht die Zeit für die Suche und die Verhandlungen nehmen. Für die ist das eine wunderbare Sache.

Okay, so viel vorab.
Nun lass' uns ganz auf die 10X-Akquise gehen.

So weißt du, wo du hin willst

„Wir haben uns alles schon vor einiger Zeit sehr genau durchgerechnet", sagt Julia und legt einen mehrere Seiten starken Excel-Ausdruck auf den eleganten Bürotisch. „Damit sich unser Eigenheim von selbst aus dem Überschuss unserer Immobilien bezahlt, sind wir – nach damaligem Stand – auf diese Zahl an Wohnungen gekommen."

Sie tippt mit dem Finger auf eine Ziffer auf dem obersten Blatt. Der sportliche Mann im Poloshirt, der ihr gegenübersitzt, ist wohl in seinen Vierzigern. Er wirft einen kurzen Blick darauf und nickt.

Julia fährt fort: „Doch nachdem sich die Zinsstruktur so deutlich verändert hat, haben wir die Zahlen natürlich überarbeitet. Mir ist ganz anders geworden, als wir gesehen haben, dass wir auf die doppelte Zahl an Wohnungen müssen."

„Ja, in dieser Größenordnung ist das schon mit erheblichen Wachstumsschmerzen verbunden", stimmt ihr Gegenüber ihr zu. Er scheint aus Erfahrung zu sprechen.

Sie seufzt, setzt aber entschlossen hinzu: „Wir sind aber nach wie vor überzeugt, dass unser Plan gut ist. Doch die Frage, wie wir diese Verdoppelung stemmen können, hat mich etliche schlaflose Nächte gekostet. Das hat ja große Implikationen in puncto Eigenkapital, Organisation und so weiter. Ich glaube inzwischen, dass es geht, wollte aber gerne Ihre Meinung dazu einholen. Ein Freund hat Sie mir empfohlen."

Der Mann nimmt sich einen Moment Zeit zu überlegen und fragt dann: „Okay, wenn ihr es verdoppeln könnt: Warum könnt ihr es nicht auch verdreifachen? Oder verzehnfachen?"

Julia schnappt nach Luft, doch er spricht gelassen weiter: „Was ist denn eigentlich die Herausforderung? Wo wollt ihr wirklich hin? Ist das Ziel, einfach nur die Altersvorsorge und das eigene Haus erledigt zu haben oder ist es mehr? Wollt ihr gerne noch lange in euren jetzigen Jobs arbeiten und daraus eine Immobilien nach der anderen finanzieren? Oder wollt ihr euer Leben lieber anders gestalten? Was sind eure Wünsche und Vorstellungen?"

„Ähmm", stammelt Julia. „Gute Fragen. Die muss ich erst einmal mit meinem Mann besprechen."

In diesem Abschnitt geht es um die Definition deiner Ziele. Ich nehme dieses Thema bewusst hier auf, auch wenn der ein oder andere Leser diese Klärung für sich schon geleistet hat. Ich bin nur immer wieder in meinen Seminaren überrascht, wie viele der Teilnehmer sich dazu noch keine intensiven Gedanken gemacht haben. Und wie viele sich hinterher bei mir bedanken, dass ich sie dazu inspiriert habe. Falls du dich jedoch schon ausführlich mit diesem Thema auseinandergesetzt hast, darfst du die folgenden ein bis zwei Seiten getrost überspringen. Ich empfehle allerdings: du nimmst sie zum Anlass, deine Ziele mal wieder abzuklopfen. Sind sie noch aktuell oder gibt es Anpassungsbedarf? Das empfehle ich sowieso jedem 10X-Investor, denn die eigenen Ziele zu kennen, für die du brennst, ist die Basis für ein erfolgreiches 10X-System. Die Überprüfung und Anpassung dieser Ziele ist eine kontinuierliche Aufgabe. Um die eigenen Ziele zu erarbeiten, habe ich gute Erfahrung mit dem wohl gängigsten Instrument auf diesem Feld: der SMART-Formel.

Be sMarT!

SMART steht bekanntlich für **S**pezifisch, **M**essbar, **A**ttraktiv, **R**ealistisch und **T**erminiert. Es gibt einige unterschiedliche Übersetzungen, aber das trifft es im Kern. Die beiden wichtigsten Buchstaben aus meiner Sicht sind das M und das T, denn daraus entwickelt sich die Zugkraft in der Umsetzung.

Ein Beispiel: Stell dir vor, dass dein ganz großes Ziel ist, in völliger finanzieller Gelassenheit auf Bali zu leben. Mit dem T legst du fest, wann du dieses Ziel erreicht haben möchtest: Mit 50 Jahren möchtest du soweit sein – dein Ziel ist terminiert.

Um dieses Ziel auch messbar zu machen, rechnest du anschließend dein Ziel in Zahlen um. Als Erstes einmal: Was brauchst du für deine finanzielle Gelassenheit auf Bali monatlich?

Was brauchst du für dein Endziel?

Du schätzt, dass etwa 5.000 € monatlich nach Steuern gut reichen müssten – das ist das messbare Endziel. Das wirst du aller Wahrscheinlichkeit nach nicht mit einem Schlag erreichen können, also brichst du dein Endziel in viele, viele Zwischenziele herunter. Um die zu ermitteln, gehst du alle damit verbundenen Fragen durch: Welchen Wohnungsbestand brauchst du dafür? Welche Organisation brauchst du, um diesen Wohnungsbestand zu managen? Welche Kosten fallen dafür an? Was bedeutet das für die Finanzierung? Wie sieht das mit den Steuern aus? Etc.

Auf diese Weise baust du eine Pyramide aus Zielen: Die fächert sich von der Spitze mit der einen Zielzahl nach unten hin in viele Zahlen auf. Diese sagen dir sehr genau, zu welchem Zeitpunkt du was erreicht haben willst.

Du baust eine Pyramide aus Zielen.

Diese Planung wird natürlich nicht taggenau aufgehen, aber auf Jahressicht solltest du sie schon realisieren, wenn du es ernst damit meinst. Denn es ist nun mal ein Ding der Unmöglichkeit, dass du mit 50 Jahren finanziell gelassen auf Bali sitzen kannst, wenn du mit 48 Jahren erst zehn Prozent deines Ziels erreicht hast. Der Weg dahin nennt sich dann nicht mehr Investition, sondern höchstens Spekulation – oder auch einfach nur: Prinzip Hoffnung.

Klar, deine Ziele sollten auch „s" wie spezifisch und „r" wie realistisch sein. Und vor allem müssen sie „a" wie attraktiv genug sein, dass sie ein intrinsisches Feuer in dir zum Lodern bringen und am Lodern halten.

Keep the fire burning

Die Zahlen auf einem Excel-Sheet liefern dir das rationale Gerüst für deinen Traum, das Feuer aber entzünden sie nicht.

Dieses Feuer brauchst du aber, sonst wirst du die nötigen Anstrengungen und Wachstumsschmerzen nicht durchstehen können.

Aus diesem Grund halte ich auch diese Visualisierung der eigenen Ziele für unfassbar wichtig, und – ja, natürlich – habe ich selbst ein Vision Board. Ich kenne tatsächlich keinen einzigen erfolgreichen Investorenkollegen, der keines hat. Manche nennen es vielleicht nicht so, weil ihnen „Vision Board" zu esoterisch klingt, aber etwas in der Richtung haben sie alle.

Alle meine erfolgreichen Investorenkollegen haben ein Vision Board.

Die Visualisierung hilft ihnen, ihre Herausforderungen zu meistern. Denn auch in einem 10X-System tauchen Herausforderungen auf – daran kann dieses Buch nichts ändern, daran kann der beste Coach oder Mentor nichts ändern. Aber die 10X-Investoren beweisen Tag für Tag, dass es möglich ist, für jede Herausforderung eine Lösung zu finden.

Julia und Christian stehen Hand in Hand in ihrem Wohnzimmer vor einem großen Flipchartblatt, das sie an der Wand befestigt haben. Es zeigt eine Collage aus verschiedenen Bildern: von einem weißen Strand, von verschneiten Berggipfeln, von einem Allradfahrzeug in der Wüste. Es zeigt aber auch einen Laptop, der auf einem Bambustisch steht, eine Hängematte im Hintergrund und daneben das Buchcover von Timothy Ferriss' *Vier-Stunden-Woche* – nur ist das Wort „Woche" durch „Tag" ersetzt.

„Spürst du es?", flüstert Julia Christian fast ehrfürchtig zu.

„Ja, tue ich. Es wird großartig sein", erwidert Christian ruhig. „Wir sind beide raus aus dem Hamsterrad, gut gerüstet und endlich gelassen."

„Jetzt müssen wir nur noch eine Jahreszahl darüber schreiben", sagt sie. „Bis wann haben wir das erreicht?"

„Was hältst du davon?", er malt eine Zahl über die Collage.

Julia überlegt einen Augenblick und haucht dann ergriffen: „Sehr gut!"

Sie wendet sich mit einem Ruck Christian zu, strahlt ihn an und sagt: „Dann lass es uns tun! Lass uns unsere Zwischenziele definieren, und los geht es!"

Bevor auch du jetzt loslegst mit deinen Zielen, möchte ich dich noch vor einer Gefahr warnen ...

Von Hamsterrad zu Hamsterrad

10X bedeutet nicht, dein derzeitiges Hamsterrad gegen ein anderes Hamsterrad einzutauschen, selbst wenn das golden ist – im Hamsterrad erfüllst du dir keinen Traum, du rennst und rennst allein, um das Tagesgeschäft anzutreiben. 10X darf deshalb nicht heißen, dass du dir einfach zehnmal so viel Arbeit auflädst, indem du im selben Stil weitermachst und nur eben zehnmal so viele Immobilien kaufst. Werde 10X auch in deinen Prozessen!

Werde 10X in deinen Prozessen!

Julia zum Beispiel, die bisher 60 oder 70 Wochenstunden im Konzern und 20 Wochenstunden für ihre Immobilien arbeitet, sollte die Organisation ihres Sabbaticals zum Beispiel nicht so anlegen, dass sie dann 90 Wochenstunden in die Immobilien steckt. Am besten sollten es noch nicht mal 70 Wochenstunden, sondern eher 40 bis 50 sein. Und wenn das nicht sofort klappt, sollte sie wenigstens die Prozesse so vorbereiten, dass sie es nicht für immer selbst machen muss.

Diese Prozessgestaltung fängt bei kleinen Dingen wie dem E-Mail-Postfach an: Solange die privaten Mails auf dasselbe Postfach laufen wie die Mails rund um die Immobilien, ist es natürlich komisch, einer anderen Person darauf Zugriff zu geben. Mit einem Firmen-E-Mail-Account dagegen geht das schon – und so ein Account ist ohne jeden Aufwand schnell eröffnet.

Um Missverständnissen vorzubeugen: Eine Entwicklung hin zu 10X geht nicht von alleine. Sie ist im Aufbau mit richtig viel Zusatzarbeit verbunden. Aber gerade deshalb ist es wichtig, dass du nicht unbesehen 1:1 aus deinem durchgetakteten Angestelltenverhältnis in die ebenso durchgetaktete selbstständige Tätigkeit wechselst, indem du und nur du das Tagesgeschäft anschiebst.

Schiebst du und nur du das Tagesgeschäft an?

In meinem Konzern kursierte damals der Spruch, dass ein Hamsterrad von innen wie eine Leiter aussieht. Im Konzern ist dir dieses Rad vorgegeben, als Selbstständiger darfst und musst du deinen Weg selbst gestalten. Nutze diese neue Selbstbestimmung bewusst und zelebriere sie. Vielleicht erlaubst du dir, morgens eine Stunde später aufzustehen als früher. Oder hältst dir den Freitagnachmittag frei.

Es muss zunächst nicht darum gehen, weniger zu arbeiten. Es geht darum, dass du entscheidest, an welchem Schräubchen in deinem Alltag du drehst, damit du zum Luftschnappen kommst.

Dein Hamsterradtest

Ich mache mit meinen Seminarteilnehmern gerne den „Hamsterradtest". Mein lieber Kollege Jochen Mulfinger hat mich dazu inspiriert, weil er in seinem tollen Buch *Ich kann … muss aber nicht* eine ähnliche Übung beschreibt.

Für diesen Test bitte ich die Teilnehmer, sich vorzustellen, was wäre, wenn sie morgen für ihr Unternehmen nicht mehr erreichbar sind: Läuft ihr Tagesgeschäft reibungslos weiter? Ist zum Beispiel jemand da, der fällige Rechnungen bezahlen kann? Gibt es jemanden, der befugt ist, die alltäglichen Entscheidungen zu treffen? Können lange vorbereitete Immobilien-Deals beim Notar von jemandem unterzeichnet werden?

Das ist eine super Übung, um dir bewusst zu machen, in wie vielen Teilen und Zwischenschritten du immer noch gebraucht wirst, weil die Maschine sonst nicht läuft.

10X bedeutet nichts anderes als darauf hinzuarbeiten, dass dein Alltagsgeschäft hervorragend läuft – und zwar ganz ohne dich.

Deine Schritt-für-Schritt-Anleitung für die 10X-Definition deiner Ziele

1. Definiere das Ziel deines Immobilieninvestments nach der SMART-Formel.
2. Dein Ziel muss ein großes, inneres Verlangen in dir auslösen.
3. Achte daneben vor allem darauf, dass du deine Ziele terminierst und messbar formulierst.
4. Visualisiere dein Ziel und auch die Zwischenschritte.
5. Prüfe deine Ziele regelmäßig und passe sie gegebenenfalls an.
6. Mache immer wieder den Hamsterradtest: Er zeigt dir, an welchen Zwischenzielen du auf dem Weg zu 10X noch arbeiten darfst.

So klärst du, mit was du arbeiten kannst

Wenn du von 1X auf 10X gehst, also zehnmal oder mehr so viele Wohnungen kaufst als bisher, brauchst du mehr Ressourcen – ich nehme an, dass du dieser Aussage problemlos zustimmen kannst. Aber dass dir diese Ressourcen fast unlimitiert zur Verfügung stehen – das glaubst du mir wahrscheinlich nicht auf Anhieb. Meine Seminarteilnehmer tun das jedenfalls in der Regel nicht.

Zumindest glauben sie es so lange nicht, bis ich mit ihnen tiefer in das Thema Ressourcen eingestiegen bin. Und genau das habe ich an dieser Stelle mit dir vor.

Denn um das 10X-System zu verstehen, brauchst du einen anderen Blick – einen anderen Blick auf das, was Ressourcen eigentlich sind.

Alles für das Ziel

Eine Ressource kann zunächst einmal wirklich alles sein, was du einsetzt, um ein Ziel zu erreichen, das heißt, der Begriff ist extrem weit gefasst.

Zu deinen persönlichen Ressourcen gehört zum Beispiel deine gesamte körperliche Ausstattung aus Armen, Beinen, Augen etc. Die kannst du einsetzen, wenn dein Ziel vielleicht ist, einen Nagel in die Wand zu schlagen: Du nutzt deine Ressource Hände, um die Ressource Hammer und die Ressource Nagel halten zu können, und deine Ressource Augen, um den Nagel zu treffen. Außerdem nutzt du deine Ressource Zeit für diese Aktion.

Auf diese Weise lässt sich so ziemlich alles, was dir in deinem Privatleben und erst recht auf geschäftlicher Ebene begegnet, auf unterschiedliche Ressourcen zurückführen. Die Perspektive ist gewöhnungsbedürftig, aber durch diese neutrale Brille betrachtet lässt sich praktisch alles als Ressource definieren, was einem Ziel dienlich ist – ob Werkzeuge, Zeit, Geld, Technologien bis hin zu Menschen, ja sogar Beziehungen.

Ressource ist alles, was einem Ziel dienlich ist.

Ausdrücklich ausklammern aus dieser Betrachtung möchte ich nur Gefühle und Familie. Bei allem anderen halte ich den Ressourcenblick für legitim und hilfreich.

Das klingt im ersten Moment ziemlich unromantisch und vielleicht sogar unsozial. Das ist es nicht, denn es geht zunächst nur um die Analyse. Die neutrale Sichtweise ermöglicht es, Handlungsoptionen zu erkennen, die sonst verborgen bleiben.

An dem Hammerbeispiel von eben zeige ich dir, was ich meine.

Alles für die Multiplikation

Deine Hände, deine Augen und deine Zeit sind also Ressourcen. Und diese Ressourcen sind für die Erfüllung deines Ziels, einen Nagel in die Wand zu bekommen, ersetzbar. Du kannst ohne Weiteres jemanden beauftragen, seine Hände und seine Zeit zu nutzen, um das für dich zu erledigen.

Ressourcen sind ersetzbar.

Aus 10X-Sicht sollte die Person dabei nicht nur in der Lage sein, mit Hammer und Nagel umzugehen (du erinnerst dich an die 10X-Frage #1: Wer macht das außer mir?). Sie sollte es auch (siehe 10X-Frage #2) besser machen als du. Gesamtwirtschaftlich gesehen ist es noch dazu wünschenswert, dass sie das zu einem geringeren Stundenlohn macht als du, beziehungsweise deine Entlastung sollte dir so viel wert sein, wie du dafür bezahlst.

So wie sich die Hammer-Nagel-Aufgabe auf die nötigen Ressourcen prüfen und gegebenenfalls übertragen lässt, so kannst du jede einzelne Aufgabe deines Alltags in ihren Ressourceneinsatz zerlegen: Die Ressourcen können dabei entweder von dir selbst kommen oder eben von jemand anderem.

Das Spannende an dieser Betrachtungsweise ist: Sobald du sie grundsätzlich zulässt, kannst du auch die Erkenntnis zulassen, dass das Lösen von Aufgaben multiplizierbar sein könnte.

Solange du in der Betrachtung verharrst, dass niemand anderes übernehmen kann, was du tust, und du es stets schneller selbst gemacht hast, bevor du es jemand anderem erklärt hast, solange bleibst du auf deine persönlichen Ressourcen beschränkt. Und die sind nun mal nicht multiplizierbar.

Deine persönlichen Ressourcen sind nicht multiplizierbar.

Solange du diese eindimensionale Sicht hast, kommen dir deine Ressourcen auch nicht wie Ressourcen vor: Schließlich gibt es scheinbar nur diesen einen Weg von der Aufgabe zur Lösung, nämlich den über dich. Das ist 1X.

Sobald du aber Aufgaben in Ressourcen übersetzt, kommen andere Ressourcen als deine persönlichen in den Blick. Und von diesen externen Ressourcen gibt es mehr, als du brauchst, sie stehen quasi unlimitiert zur Verfügung: Menschen, Technologien oder Prozesse, die in der Lage sind, für dich diese speziellen Aufgaben zu erledigen, und das auch noch besser machen als du. Es eröffnet sich eine Vielzahl von Lösungen für die eine Aufgabe, ergo: Die Tür zu 10X geht auf.

Dein Blick und deine Möglichkeiten können sich sogar mehr weiten, um zum echten 10X zu gelangen.

Offen für das eigentliche Ziel

Diese Erweiterung passiert dann, wenn du gar nicht mehr in den eigentlichen Ressourcenprozess hineingehst, sondern stattdessen das Ziel der Aufgabe klarer definierst.

Nimm das Hammerbeispiel: Dein eigentliches Ziel ist in diesem Fall wohl nicht, dass ein Nagel in der Wand steckt. Wahrscheinlich ist das Ziel, dass am Ende ein Bild an dieser Wand hängt.

10X ist, wenn du der Person, die du beauftragst, nur dieses eigentliche Ziel nennst. Du schreibst ihr nicht vor, dass sie mit den Ressourcen Hammer und Nagel dieses Ziel erreichen muss. Das ist viel schlauer, weil diese dank ihrer Erfahrung oder ihres Wissens vielleicht ein viel besseres Vorgehen parat hat: Sie rückt zum Beispiel mit Schlagbohrer, Schrauben und Dübeln an, weil die Wand viel zu hart für einen gewöhnlichen Nagel ist. Oder die Person hat sofort erkannt, dass so ein schweres Bild auf jeden Fall nur durch zwei Nägel sicher aufgehängt werden kann. Dieser Mensch wird anhand seiner Erfahrung und seinem Wissen die Aufgabe viel besser erledigen, als du es gekonnt hättest.

Die Ressourcen, die du von deiner Seite noch einbringst, kannst du in diesem System weitgehend auf zwei reduzieren: deine Zeit und dein Geld. Darüber hinaus gibt es nur eine weitere spezielle Ressource, die nur von dir kommen kann – auf die komme ich gleich zu sprechen. Bleiben wir zunächst bei Zeit und Geld.

Offen für eine bessere Rechnung

Da beides nur Ressourcenäquivalente sind, wird augenfällig, dass du die eine gegen die andere tauschen kannst, indem du dir zum Beispiel mit der Ressource Geld Zeit kaufst. So wird eine einfache Rechnung daraus: Du setzt, während der Handwerker mit seiner Ressource Zeit dein Bild aufhängt, deine Zeitressource optimalerweise für etwas ein, was dir mehr von der Ressource Geld bringt, als es dich kostet.

Diese Rechnung solltest du für alles, wirklich alles in deinem Leben (außer eben emotionale und familiäre Dinge) in Betracht ziehen. Am Ende geht es immer nur um Ressourcen – und das eröffnet dir eine neue Perspektive für deine Ressourcenplanung.

Die Schlange am Salatbüfett der Kantine ist lang. Julia bereut es bereits, dass sie sich heute nicht, wie sonst die letzten Monate, in der Mittagspause mit einem Sandwich am Schreibtisch begnügt und beim Kauen um ihre Immobilien kümmert.

Endlich ist sie an der Reihe, lädt sich hastig eine Portion Tomaten mit Mozzarella auf den Teller und zieht an der Kasse ihre Karte durch das Lesegerät.

„Hey, Julia“, hört sie rufen.

Sie dreht sich um und sieht an einem der Tische Elena von der Personalabteilung ihr zuwinken. Früher haben die beiden Frauen häufiger gemeinsam zu Mittag gegessen und auch über Julias und Christians Immobilienanlagen gesprochen. Doch in letzter Zeit hat es einfach nicht mehr geklappt.

‚Na gut, die paar Minuten müssen drin sein‘, denkt Julia,

Sie setzt sich Elena gegenüber.

Die sagt: „Wie schön, dich zu sehen. Wie läuft's mit euren Wohnungen?“

„Oh, sehr gut an sich“, antwortet Julia und spießt mit ihrer Gabel abwechselnd eine Tomaten- und eine Mozzarellascheibe auf. „Nur komme ich sonst zu gar nichts mehr. Manchmal weiß ich nicht mehr, wie ich meinen Job und unser Immobilienengagement noch unter einen Hut bekommen soll.“

„Das typische Problem eines jeden Unternehmens.“, lächelt Elena, „In der Regel fehlt es an der Ressource Zeit.“

„Ich dachte, es fehlt an Mitarbeitern.“, wendet Julia ein und tupft ihren rot-weißen Stapel in die Öl-/Balsamico-Mischung.

„Aus unternehmerischer Sicht ist ein Mitarbeiter nur eine Ressource.“, erwidert die Personalerin. „Klingt herzlos, ist aber nur die nüchterne Betrachtungsweise. In Stellenanzeigen steht ja auch nicht: ‚Wir suchen die Julia‘, sondern ‚Wir suchen jemanden für 40 Wochenstunden (oder mehr) mit diesen und jenen Fähigkeiten‘.“

„Okay, verstanden.“, sagt Julia und schiebt sich endlich den Tomaten-

Mozzarella-Stapel in den Mund. Etwas undeutlicher ergänzt sie: „Mir fehlt also die Ressource Zeit."

„Genau. Und warum verschaffst du dir die nicht?", fragt Elena trocken.

„Wie soll das gehen?", schnaubt Julia. „Job ist Job. Die Stelle ist ja auch gut, die will ich vorerst auf keinen Fall sausen lassen. Und mein Urlaub ist schon aufgebraucht."

„Hast du mal über ein Sabbatical nachgedacht?"

„Ein Sabbatical? Geht das denn in unserem Konzern?", Julia legt ihre Gabel weg und sieht Elena interessiert an.

„Aber sicher! Aus Unternehmenssicht wird deine Ressource Zeit einfach für die maximal zwölf Monate durch die Ressource Zeit einer anderen Person mit ähnlichen Qualifikationen ersetzt. Und du hast die Garantie, dass du nach Ablauf des Sabbaticals auf deine Stelle zurückkannst."

„Ein Sabbatical", murmelt Julia mehr zu sich selbst als zu Elena. „Dass ich darauf noch nicht selbst gekommen bin. Ich hätte auf einmal richtig viel Zeit, um unseren Immobilienplan zu pushen – und wieder mehr Spaß daran."

Elena grinst, weil sie förmlich sehen kann, wie es in Julias Kopf rattert ...

Dein neuer neutraler Blick auf die Ressourcen bedeutet nicht, dass du immer alles, was du abgeben könntest, abgeben musst. Aber du musst realisieren, dass es rein theoretisch ein anderer machen könnte. Nur dann kannst du dir überlegen, was du darum herumdenken musst, um es abgeben zu können. So bist du in der Lage, sehr frühzeitig Strukturen zu schaffen, die dir das erlauben.

Aber ich habe dir versprochen, noch auf die dritte zentrale Ressource im 10X-System zurückzukommen. Diese stets in ausreichendem Maß zu haben, ist aus meiner Sicht fast der anspruchsvollste Part. Es geht um deine Motivation.

Die anspruchsvollste Ressource

Ja, auch Motivation ist eine Ressource. Und zwar eine, die nur aus dir selbst heraus kommen kann. Ich weiß nicht mehr, wo ich den Satz gehört oder gelesen habe, aber er trifft voll und ganz zu: Du kannst das innere Feuer bei einem Menschen nie dadurch entzünden, dass du ihm Feuer unter dem Hintern machst.

> **Das Feuer unter dem Hintern entzündet kein inneres Feuer.**

Was du allerdings tun kannst, ist, dir die entsprechenden Rahmenbedingungen zu schaffen, um dein inneres Feuer auf Dauer am Lodern zu halten. Ich habe in einer meiner Podcastfolgen ausführlich über dieses Thema gesprochen, höre gerne einmal hinein:

Podcast:

Der Ressourcentrick

Einen Tipp habe ich noch für dich, ob du nun 10X-Investor wirst oder nicht: Falls dich immer mal wieder die Verschiebe-ritis plagt, nimm es als gutes Zeichen und nicht als etwas, was du dringend überwinden musst. Denn Prokrastination zeugt zunächst einmal von einer gewissen Cleverness.

> **Prokrastination zeugt von Cleverness.**

Mit sicherem Instinkt hast du unbewusst erkannt, dass du dein Vorhaben noch nicht erfolgreich angehen kannst, weil dir eine oder mehrere Ressourcen dazu fehlen. Deshalb schiebst du das gesamte Projekt vor dir her.

Spannend wird es dann, wenn du dir bewusst machst, dass es „nur“ um Ressourcen geht. Du kannst neutral betrachten, welche Ressource genau dir fehlt, und dir überlegen, wie du dir diese Ressource beschaffen könntest – oder ob dir das Vorhaben den Aufwand nicht wert ist und du es absagst.

Das ist ein cooler Trick, weil du so einen klaren Ansatzpunkt hast. Oft braucht es nur einen kleinen Anschub von deiner Seite, um Bewegung in die Sache zu bringen. Und zu diesem kleinen Anschub kannst du dich leichter überwinden als zu einer vermeintlich großen Anstrengung. Auf diese Weise hast du dein Projekt aus dem Prokrastinationssumpf geholt, weil du es durch die Ressourcenbrille angeschaut hast. Das ist dann wirklich clever.

Nachdem du jetzt also deine 10X-Ziele kennst und deine 10X-Ressourcendefinition bei der Hand hast, kannst du in die eigentliche 10X-Akquise starten. Sie verschafft dir die Freiheit, die du brauchst. Im nächsten Kapitel erfährst du, wie du dich im ersten Schritt frei vom Ort machst.

Deine Schritt-für-Schritt-Anleitung für die 10X-Betrachtung deiner Ressourcen

1. Übe dich darin, jede einzelne Aufgabe, jedes Vorhaben in die erforderlichen Ressourcen zu zerlegen.
2. Prüfe bei jeder Ressource, ob du selbst sie stellen musst oder ob du diesen Ressourcenbedarf aus anderen Quellen decken kannst.
3. Schaffe dir die richtigen Rahmenbedingungen, damit dir deine Ressource Motivation erhalten bleibt.
4. Nutze Anzeichen von Prokrastination als Anlass, die Ressourcenlage zu prüfen und eine Entscheidung zu treffen.

So wirst du frei vom Ort

Immobilien sind so ziemlich das Gegenteil von „frei vom Ort“: Du kannst sie nicht mal eben mit nach Mallorca oder Bali nehmen – sie stehen da, wo sie stehen. Das hat aber auch einen großen Vorteil: Die Arbeit mit ihnen ist planbar. Du musst nur wissen, wie du sie planen kannst.

Das 10X-Akquisesystem vermittelt dir dieses ‚Wie‘: Es macht dich Stück für Stück unabhängiger von Raum, Zeit und am Ende sogar vom gesamten Tagesgeschäft.

Im ersten Schritt kannst du dich befreien von dem Zwang, bei der Suche nach geeigneten Immobilien persönlich vor Ort zu sein. Dabei hast du zwei Fragen zu lösen:

1. Wie kommst du dennoch an gute Immobilienangebote?
2. Wie regelst du das mit der Besichtigung?

Gezielt statt wahllos

In meinem ersten Buch gehe ich ausführlich darauf ein, wie du effizient und effektiv exakt die Immobilien findest, die überhaupt für dich Sinn ergeben. Es gibt kaum eine schlimmere Verschwendung deiner persönlichen Ressourcen, als sich wahllos „mal ein paar Objekte“ anzusehen. Das zeugt darüber hinaus von wenig Respekt vor der Zeit des Maklers – und letztendlich auch der eigenen.

Ich nenne Besichtigungstermine gerne liebevoll „Bestätigungstermine“: Sie sollten nur dazu dienen, dass du dich vergewisserst, dass die Kriterien, nach denen du das Objekt ausgesucht hast, in der Realität nicht grob von den Angaben im Exposé abweichen. Und – noch wichtiger – vor Ort entwickelst du ein Gefühl für den Makler und kannst eine Beziehung zu ihm aufbauen. Die Unterlagen schaust du dir übrigens grundsätzlich erst im Nachgang an. Warum? Steht alles in meinem ersten Buch.

> **Besichtigungstermine sind Bestätigungstermine.**

Wenn du bereits Immobilienprofi bist, gehst du sicher ohnehin bereits derart gezielt vor. Vielleicht bist du sogar an dem Punkt, dass du überlegst, ob du noch zu Besichtigungen gehst. Ich kann das verstehen, denn Bausubstanzen wiederholen sich. Ich könnte inzwischen, sobald ich das Baujahr weiß, blind durch die meisten Gebäude gehen, weil deren Grundrisse jeweils fast identisch sind. Dennoch rate ich nach wie vor davon ab, eine Wohnung komplett unbesichtigt zu kaufen.

Wie also kannst du besichtigen, ohne selbst vor Ort zu sein?

Virtuell und doch dabei

Dafür gibt es drei Lösungen. Die ersten beiden sind noch eher 1X, aber entlasten deine Ressourcen bereits und sind sofort umsetzbar. Die dritte Lösung ist schon in bisschen mehr 10X, braucht aber ein wenig Vorlauf.

Lösung Nummer eins wird dir heute von etlichen Maklern bereits frei Haus serviert: Sie integrieren einen Videorundgang durch die Immobilie in das Angebot auf ihrer Website oder im Exposé. Diese Aufnahmen kannst du dir gemütlich auf der Couch sitzend ansehen, wann immer du möchtest. Sie liefern dir bereits eine Menge an Information, aber natürlich siehst du nur, was der Makler dir zeigen möchte. Sich nur darauf zu verlassen, halte ich für nicht ratsam.

> **Du siehst nur, was der Makler dir zeigen möchte.**

Die zweite Lösung ist es, den Makler zu bitten, zum Beispiel über einen Video-WhatsApp-Call mit dir einen Live-Online-Rundgang durchzuführen. Das hat den Vorteil, dass du dir gezielt die Ecken zeigen lassen kannst, die dich interessieren. Dazu sind Makler durchaus bereit.

Richtig spannend wird es bei Lösung Nummer drei: Du suchst dir jemanden, der für dich zu dem Besichtigungstermin geht und dich live über Video dazuschaltet. Solche „Besichtiger“ können dir nämlich über die Aufnahmen hinaus schildern, was sie riechen, spüren, wahrnehmen: Wie ist der Geruch im Treppenhaus? Macht die Anlage insgesamt einen gepflegten Eindruck? Wie ist die Atmosphäre im Gebäude?

Deine Besichtiger können schildern, was sie wahrnehmen.

Wenn du dich fragst, ob das nicht komisch ist für den Makler, wenn der Interessent nicht selbst auftaucht, sondern einen Vertreter mit Kamera schickt: Es kommt darauf an, wie du das im Vorfeld kommunizierst.

Wenn du dem Makler erst kurz vorher Bescheid gibst, dass du einen Studenten vorbeischickst, der für dich filmt, ist dieser wahrscheinlich verschnupft. Aber wenn du dem Makler jedoch gleich zu Beginn ankündigst, dass du ein „Mitglied deines Architekturteams“ schickst, ist das kein Problem – zumindest habe ich auf diese Weise noch nie Widerstand erlebt. Im Gegenteil: Teils nehmen Makler dies als positives Signal wahr, dass es sich bei mir um einen ernsthaften und professionell agierenden Interessenten handelt.

Dank der richtigen Kommunikation wirkt man ernsthaft und professionell.

Wichtig: Die Person, die da für mich besichtigt, muss mir kein Immobiliengutachten liefern. Sie muss noch nicht einmal großartig Ahnung von Immobilien haben. Es reicht mir vollkommen, dass sie wach und mit allen Sinnen sich einen Eindruck verschafft und mir diesen mitteilt.

Eine Sache muss diese Person aber besser tun als ich (siehe 10X-Frage #2): Sie muss sympathischer auftreten können.

Die Ressource Sympathie

Die Ressource „sympathisches Auftreten" ist bei der Aufgabe des Besichtigens ausgesprochen wichtig, weil sie über Deal oder Nicht-Deal entscheiden kann. Denn mit welcher anderen Taktik kann ich beim Makler im Setting der ersten Besichtigung positiv hervorstechen? Mit Fachkenntnis oder Verhandlungstalent? Bitte nicht!

Das Immobiliengeschäft ist ein People Business, der menschliche Faktor in dieser Branche ist nur schwer zu überschätzen. Deshalb ist es mir wichtig, dass meine Besichtiger die Anforderung „Sympathieträger" besser erfüllen als ich.

Meine Besichtiger erfüllen die Anforderung „Sympathieträger" besser als ich.

Darüber hinaus entlastet die Person meine Ressourcen Zeit und Geld, weil sie mit einem geringeren Stundensatz entlohnt wird, als ich in derselben Zeit erwirtschaften kann. Ich biete ihr in der Regel einen Stundenlohn von 20 € plus die Erfahrung, die sie beim Besichtigen sammelt.

Geeignete Menschen für diese Aufgabe finde ich zum Beispiel unter Studenten oder unter den Teilnehmern von Immobilienstammtischen, die noch am Anfang ihres Immobilienengagements stehen – ein bisschen Neugier auf das Geschäft schadet nämlich nichts.

Wohlgemerkt: Die Besichtiger müssen keine ausgebildeten Immobilieninvestoren sein, ihre wichtigste Qualifikation ist, dass sie mehr Strahlen in den Raum bringen können als ich. Und davon gibt es sehr viele. Durch die 10X-Brille betrachtet heißt das: Die Ressource „Besichtiger" steht dir fast unbegrenzt zur Verfügung, und es ergibt absolut Sinn, sich an ihr zu bedienen, damit du dich frei vom Ort machst.

Die Ressource „Besichtiger" steht fast unbegrenzt zur Verfügung.

„Stell' dir vor, Papa: Deine Julia hat mich angerufen", erzählt Jonas freudestrahlend am Abendbrottisch.

Seine Großmutter, die sich mal wieder selbst zum Essen eingeladen hat, legt ihr Messer beiseite und sieht ihren Schwiegersohn misstrauisch an: „Welche Julia denn?"

Ihre Tochter Sabine bekommt einen Hustenanfall, doch Frank lacht nur: „Was du immer gleich denkst, Erna! Ich nehme an, Jonas meint meine ehemalige Mitarbeiterin. Wir sind letzte Woche auf dem Rückweg von Onkel Erwins Beisetzung noch bei ihr vorbeigefahren."

„Ach, war das der Abend, von dem Sabine erzählt hat? Wo du so angesäuselt warst, dass Jonas fahren musste?", fragt Erna spitz.

Sabine fährt auf: „Jetzt höre aber auf, Mutter – das habe ich nicht gesagt. Außerdem ist es gut, wenn der Junge Fahrpraxis bekommt."

„Wenn du meinst!", erwidert Oma knapp und wendet sich ihrem Enkel zu. „Und was wollte nun diese ... Julia?" „Also, wir haben an dem Abend bei Julia und ihrem Mann Christian viel über ihre 23 Wohnungen gesprochen."

„23 Wohnungen?", Ernas Stimme überschlägt sich fast. „Walter und ich mussten damals froh sein, dass wir unser Häuschen abbezahlt zu haben, bevor wir in Rente gegangen sind. Aber wir hatten ja auch nur ehrlich verdientes Geld!"

Jonas geht elegant über den Einwurf seiner Großmutter hinweg: „Also, jedenfalls möchten sie noch weitere Immobilien kaufen. Da sie selbst im Job aber so stark eingebunden sind, hat Julia mich gefragt, ob ich nicht Zeit und Lust hätte, mal eine Besichtigung für sie zu übernehmen. Sie hat mir 20 € pro Stunde geboten – ist das nicht toll?"

Jetzt ist es Frank, der die Stirn runzelt: „Und was musst du dafür tun? Du kennst dich doch gar nicht aus."

Jonas strahlt über das ganze Gesicht: „Das ist das Beste daran: Sie hat gesagt, sie bringt mir bei, auf was ich achten muss und welche Tricks es gibt."

Beim Stichwort „Tricks" atmet Oma Erna scharf ein und hebt ihren gichtigen Zeigefinger: „Junge, Junge! Dass du da nicht auf eine schiefe Bahn gerätst, hörst du?"

Die Ressource Fachkunde

Deine Besichtiger müssen also nicht über fachliche Fähigkeiten verfügen. Dennoch ist es bei vielen Immobilien sinnvoll, vor Abschluss des Kaufvertrags das Objekt noch von jemandem prüfen zu lassen, der sich damit auskennt – und sich am besten besser auskennt als du.

Das ist in der Regel ein (besser bezahlter) Bausachverständiger. Ihn bereits zur ersten Besichtigung zu schicken, wäre wirtschaftlicher Unsinn. Du brauchst ihn erst in dem Stadium vor Ort, wenn du bereits den Zuschlag bekommen hast. Deshalb darf deine Wahl dann auf den Fachkundigsten fallen – die Anforderung, dass dieser auch sympathisch rüberkommen muss, entfällt. Von ihm brauchst du „nur“ seine Ressource Fachverstand.

Mit Besichtiger und Bausachverständigen hast du nun deine Anwesenheit vor Ort in der Anberaumungsphase also massiv reduziert. Aber dabei willst du es nicht belassen ...

Deine Schritt-für-Schritt-Anleitung für dein 10X-Besichtigersystem

1. Finde eine Person, die sympathischer auftreten kann als du und die Zeit sowie eine gewisse Neugier für Immobilien hat.
2. Kündige dem Makler an, dass du ein Mitglied aus deinem Architekturteam zu der Besichtigung schickst.
3. Dirigiere deinen Besichtiger bei der Besichtigung, damit er dir online zeigt, was du sehen möchtest.
4. Lasse dir von seinen Eindrücken berichten.

So wirst du frei in der Zeit

Julia steht mit Jonas in der Wohnung, die er vor einigen Monaten als erstes Objekt für sie besichtigen durfte. Der Kauf ist zustande gekommen. Julia hat sich eine Aufwertungsstrategie überlegt und umsetzen lassen.

„Schön geworden, nicht wahr?", sagt sie und dreht sich um ihre eigene Achse.

„Sehr schön!", bestätigt Jonas. „Das hätte ich nicht gedacht. Aber du wusstest sofort, welches Potenzial in dieser Wohnung steckt."

„Das ist Erfahrungssache", erwidert sie. „Das lernt man schnell, wenn man Interesse hat."

„Kann man das auch lernen, wenn man sein Studium noch nicht abgeschlossen hat?", will der junge Mann wissen.

Julia lächelt und nickt. Sie hat den zarten Hinweis schon verstanden: „Jonas, du hast dich ausgesprochen gut entwickelt in den letzten Monaten, deshalb möchte ich dir jetzt ein Angebot machen: Erinnerst du dich an die Dachgeschosswohnung, die du vor etwa vier Wochen für uns besichtigt hast?"

Er nickt.

„Wir stehen kurz vor dem Abschluss", fährt sie fort. „Dort werden wir ebenfalls einiges renovieren. Wenn du möchtest, schauen wir uns das gemeinsam an, und ich erkläre dir, auf was es ankommt. Anschließend begleitest und dokumentierst du die Arbeiten dort, sodass ich nicht mehr alle drei Tage dort vorbeischauen muss. Du bekommst auch dafür die 20 € pro Stunde und erwirbst dir nebenher Wissen und Erfahrung."

Julia muss nicht fragen, was Jonas zu ihrem Angebot sagt – seinee leuchtenden Augen verraten es ihr. Sein Lächeln wird noch breiter, als sie hinzufügt: „Wenn du dich bewährst, übernimmst du bei weiteren Objekten die Gesamtaufsicht. Das heißt, mehr Verantwortung für dich, aber auch mehr Geld ..."

Das, was dich rund um eine Akquise viel Zeit kostet, beschränkt sich nicht auf die Auswahl und Besichtigung geeigneter Immobilien. Du musst mit den Mietern sprechen, kleinere Renovierungen organisieren oder im Zuge einer Aufwertungsstrategie vielleicht auch größere bauliche Maßnahmen anstoßen.

Um deine Ressource Zeit aus diesem Spiel herausnehmen zu können, stellst du dir wie immer die 10X-Fragen:

1. Wer macht das außer mir?
2. Wer macht es besser als ich?

Die Lösung, die sich für mich aus diesen Fragen ergeben und sich bewährt hat, besteht aus zwei Elementen.

Macher und Überwacher

Erstens suche ich mir für die kleineren Renovierungsmaßnahmen einen Allrounder, der alle typischen Hausmeistertätigkeiten abdecken kann. Ist er gut, wird er vieles selbstständig abarbeiten können, ohne dass ich ständig involviert bin.

Zweitens finde ich ein Unternehmen, das die größeren Maßnahmen durchführt. Die lasse ich allerdings nicht alleine laufen, sondern da halte ich es eher mit Motivation durch Kontrolle. Früher habe ich selbst relativ viel Zeit investiert, um auf den Baustellen nach dem Rechten zu sehen – bis ich mir eines Tages eingestanden habe, dass ich viel zu wenig Ahnung davon habe, um eine effektive Kontrolle durchführen zu können. Im Grunde war ich mehr Baustellentourist, und das hat beiden Seiten nicht viel gebracht.

Ich war Baustellentourist.

Anhand der beiden 10X-Fragen kristallisierten sich gleich zwei Personenkreise heraus, die diese Aufgabe besser erledigen als ich:

Das ist zum einen ein Bausachverständiger, der die Baubegleitung machen kann. Er sieht sich vor Ort den Fortschritt ein- bis zweimal die Woche an. Falls Korrekturen oder Änderungen nötig sind, hat er von mir die Genehmigung, diese anzuordnen.

In der optimierten Version steht dem Bausachverständigen ein Baustellenbesichtiger zur Seite. Diese Person ist nicht vom Fach. Muss sie auch nicht, denn sie hat nur die Aufgabe, ein- bis zweimal in der Woche auf der Baustelle aufzukreuzen und dort aussagekräftige Fotos oder Videos vom Stand der Baumaßnahmen zu schießen.

Der Baustellenbesichtiger ist nicht vom Fach.

Diese Bilder übermittelt sie an den Bausachverständigen, der anhand der Aufnahmen prüft, ob alles nach Plan läuft. Das hat den Vorteil, dass die Ressource „Sachverständiger" wesentlich besser genutzt wird, weil der diese Prüfung auch zu Hause und am Abend vornehmen kann. So kann er deutlich mehr Baustellen betreuen als sonst. Parallel werden alle Aufnahmen natürlich auch an einem zentralen Ort gespeichert, so dass alle Arbeitsschritte für immer dokumentiert abrufbar sind.

Allein durch die regelmäßige Anwesenheit des Baustellenbesichtigers verbessert sich übrigens wundersamerweise die Qualität auf den Baustellen, selbst wenn alle wissen, dass er oder sie selbst wenig Ahnung hat.

Das ist aber noch nicht das 10X-Ende der Fahnenstange.

10X-Baustellenleiter

Aus dem Heer der Besichtiger und Baustellenbesichtiger stechen immer wieder Einzelne hervor, die mehr Wissensdurst, mehr Ahnung von Immobilien und auch mehr Biss haben als die anderen. Ich freue mich über jeden, der sich auf diese Weise empfiehlt, in mein 10X-System tiefer einzusteigen. Ich warte geradezu auf deren Frage: „Kann ich vielleicht noch mehr für dich tun?" Denn – ja – das können sie.

„Kann ich vielleicht noch mehr für dich tun?"

Je nach Eignung und Interesse können sie sich in diesem System auf unterschiedlichen Ebenen entwickeln und meine Ressource Zeit noch weiter entlasten.

Eine Möglichkeit ist, dass ich die Planung und Umsetzung einer Baustelle nicht mehr selbst übernehme, sondern an eine solche Person übertrage. Gut geeignet sind hierfür Studenten aus den immobilienaffinen Studienrichtungen wie Architektur oder Bauingenieurswissenschaften. Ich lege das Budget fest und er oder sie plant, sucht die entsprechenden Handwerker und übernimmt die gesamte Baustellenbetreuung.

Optimalerweise höre ich von dieser Baustelle erst dann wieder etwas, wenn alles erledigt ist.

Ich höre von der Baustelle erst wieder, wenn alles erledigt ist.

So jemandem zahle ich einen festgelegten Betrag, aktuell sind das 2.500 €. Der, der vorher als Besichtiger 20 € pro Stunde verdient hat, kann sich schnell ausrechnen, dass er aller Wahrscheinlichkeit nach damit auf einen deutlich höheren Stundensatz kommt. Und jede Menge Erfahrung sammelt.

Eine weitere Möglichkeit ist vor allem für diejenigen interessant, die sich bereits tiefer mit dem Thema Immobilienhandel auseinandergesetzt haben.

10X-Akquisiteure

Dafür bieten sich Absolventen der immocation Masterclass oder auch anderer Coaching-Programme an, die vielleicht selbst bereits einige Immobilien gekauft haben, aber im Moment nicht selbst weiter wachsen wollen oder können. Wichtig ist, dass sie bereits mit Kalkulationen umgehen können. Ihr Auftrag ist, mir interessante Deals zu finden und vorzuschlagen. Kommt es zum Abschluss, erhalten sie eine Provision.

Diese Provision beträgt bei On-Market-Objekten ein, bei Off-Market-Objekten zwei Prozent. Das kann viel Geld sein.

Oft noch attraktiver ist für meine Akquisiteure, dass sie bei ihrer Suche und der Diskussion, die ich mit ihnen über die Deals führe, für ihre eigenen Aktivitäten lernen. Sie haben den Eindruck, sie werden für das Lernen bezahlt – und da ist ja auch etwas dran.

Sie werden für das Lernen bezahlt.

Das sind nur zwei Beispiele, wie du als Immobilieninvestor systematisch deine persönliche Ressource Zeit sinnvoll durch die Ressourcen anderer ersetzen kannst. Im Prinzip gibt es keine einzige Aufgabe, deren Erledigung du nicht auf diese Weise abgeben kannst, wenn du die Voraussetzungen dafür schaffst. Du kannst – aber du musst nicht.

Die Freiheit des Chefs

Es bleibt dir unbenommen, dir auszusuchen, welche Aufgaben du weiterhin selbst übernehmen möchtest. Mag sein, dass du die ein oder andere Aufgabe für strategisch zu wichtig hältst, um sie abzugeben. Mag sein, dass es wirklich niemanden gibt, der die Aufgabe besser erledigt als du. Mag aber auch sein, dass du manche Aufgaben behältst, weil du sie einfach gerne tust – selbst auf die Gefahr hin, dass irgendjemand es besser könnte.

So kümmere ich mich in meinem Unternehmen immer noch selbst um die Finanzierung und die steuerliche Strategie. Das tue ich gerne und, wie ich glaube, auch sehr gut. Außerdem prüfe ich selbst noch alle Objekte abschließend, die für meinen Bestand gedacht sind, statt zum Wiederverkauf, sowie die generelle Aufwertungsstrategie.

Alle diese Aufgaben könnte ich abgeben, ich will es aber nicht. Ich habe sie allerdings so organisiert, dass ich sie weitgehend frei von Raum und Zeit erledigen kann.

> **Alle diese Aufgaben könnte ich abgeben, ich will es aber nicht.**

Eines ist dir vielleicht bei meiner Ausführung aufgefallen: Auch für die in diesem Abschnitt genannten Ressourcen gilt, dass sie weitgehend unbegrenzt vorhanden sind. Das heißt, wenn du dich dafür entscheidest, deine Ressourcen zu entlasten und durch diese externen Ressourcen zu ersetzen, wird es nicht an der Verfügbarkeit der Ressourcen scheitern.

Und ein zweiter Punkt ist dir vielleicht aufgefallen: Im Akquisiteursystem, wie ich es dir vorgestellt habe, geht es weiterhin für die Beteiligten um einen Tausch von Zeit gegen Geld.

Das ändert sich in der finalen Stufe des 10X-Akquisesystems, zu dem ich jetzt komme ...

Deine Schritt-für-Schritt-Anleitung für dein 10X-Mehrwertsystem

1. Finde für die kleineren Renovierungsarbeiten rund um die Akquise von Immobilien zuverlässige Allrounder.
2. Setze für die Überwachung größerer Baustellen neben einem Bausachverständigen einen Baubesichtiger zur Baubegleitung ein.
3. Habe ein Auge auf das Potenzial Einzelner aus dem Kreis deiner Besichtiger.
4. Gib diesen auf Nachfrage die Möglichkeit, sich in weitere Aufgaben hineinzuentwickeln, um deine Ressourcen zu entlasten.
5. Prüfe alle deine Aufgaben rund um die Akquise, wie du sie abgeben könntest, und entscheide, welche du abgeben möchtest.

So lässt du deine 10X-Akquise sich selbst skalieren

Du hast also deine Ressource Zeit, die du für die Akquise aufwendest, bereits systematisch entlastet. In der Königsklasse gehst du jetzt noch eine Schritt darüber hinaus.

Du baust dein System so, dass es sich ohne dein Zutun weiter verbessert – dank der Ressourcen, die andere dir zur Verfügung stellen. Und das geht so …

10X-Akquise at its best

Die richtig Guten unter deinen vielen fleißigen Zeit-gegen-Geld-Ressourcengebern – also die, die du für diese nächste Stufe haben willst – erkennst du leicht: Sie machen nämlich nicht nur einiges besser als du (sonst würdest du sie ja gar nicht beschäftigen). Sie zeichnen sich darüber hinaus durch diesen ganz speziellen Hunger aus. Du schaust sie an und weißt: Die wollen mehr.

Die wollen mehr.

Das sind die, die auch schnell begreifen, wie das Geschäft läuft, insbesondere beim Immobilienhandel: Kaufen, Veredeln und Wiederverkaufen. Sprich, man erwirbt eine Immobilie, überlegt sich eine Aufwertungsstrategie, betreut die Baustelle, präsentiert das Ganze hinterher nett und verkauft es über einen Makler. Und – ganz ehrlich – welchen von diesen Schritten musst du denn zwingend selbst übernehmen für ein Objekt, das schnell wieder aus deinem Bestand verschwindet? Theoretisch gar keinen.

Wie schon im letzten Abschnitt erwähnt, regele ich in der Praxis in meinem Unternehmen auch bei diesen Objekten die Finanzierung noch selbst. Weil ich das gerne tue. Darüber hinaus ist das Einzige, was ich tue, zweimal zu meinem Notar zu gehen: das erste Mal, um den Kaufvertrag nachzugenehmigen, und das zweite Mal, um den Verkauf nachzugenehmigen – weil ich bei der eigentlichen Unterzeichnung jeweils gar nicht zugegen bin.

Alles dazwischen regelt einer von diesen Guten, die irgendwann von sich aus gefragt haben: „Du verdienst offensichtlich sehr viel Geld. Kann ich nicht auch das machen, was du machst?"

Das ultimative Mentoring-Programm

Das sind die Leute, denen ich anbiete, dass wir zusammen Wohnungen kaufen, quasi als gemeinsames Projekt. Manche 10X-Investoren gründen mit ihren Akquisiteuren zu diesem Zweck gemeinsam ein Unternehmen, aber ich tue das nicht.

Mein Angebot lautet jeweils: „Ich übernehme die Finanzierung und gehe die zwei Mal nachträglich zum Notar, den Rest erledigst du. Ich stehe dir jedoch für Sparring und / oder Coaching zur Verfügung. Du hast damit das ultimative Mentoring-Programm, komplett ‚on the job' bei 0 € Einsatz. Alles, was du mitbringst, ist deine Zeit. Du kaufst etwas, ich genehmige nach, du entwickelst die Aufwertungsstrategie und setzt sie um, dann wird es über den Makler verkauft. Und am Ende steht ein wirtschaftliches Ergebnis, das wir fifty-fifty teilen. Das ist idealerweise ein Gewinn. Aber – das ist mir wichtig – ist das Ergebnis negativ, wird dieses ebenso geteilt. Und ja, das gab es schon!"

Wir teilen das wirtschaftliche Ergebnis.

Warum ist mir diese Aufteilung des wirtschaftlichen Risikos so wichtig? Andernfalls könnte sich der Akquisiteur dazu verleitet fühlen, mir auch weniger attraktive Deals oder Objekte mit hohem Risiko zu servieren. Wäre er nur am Gewinn beteiligt, könnte es ihm fast egal sein, welche Qualität das Projekt hat.

Unsere Vereinbarung hat noch eine Reihe weiterer Bestandteile, aber das Prinzip ist dir, denke ich, schon klar geworden. Für die Details darf ich dich auf mein 10X immocation Seminar verweisen, das sich unter anderem ausführlich mit dem Aufbau meines Akquisiteursystems befasst.

Zwei Einwände höre ich typischerweise in diesen Seminaren.

Geht das nicht ohne dich?

Der erste Einwand gegen mein Akquisiteursystem ist: „Mensch, Markus, du bildest die aus, ziehst Projekte gemeinsam mit denen durch, und am Ende tun die es ohne dich."

Meine Antwort: „Genau das hoffe ich! Ich hoffe, dass ich so inspirierend sein konnte, dass sie das selbst tun."

Denn die Frage ist ja: Werden sie jeden Deal selbst machen? Sind sie überhaupt in der Lage, jeden Deal selbst zu machen? Wahrscheinlich nicht.

Ja, sie werden sich immer den besten Deal selbst schnappen. Super! Ich nehme auch den zweitbesten, denn der ist immer noch sehr, sehr gut.

Ich gebe ihnen also weiterhin die Möglichkeit, Deals mit mir anzugehen, selbst wenn sie eigene durchziehen. Und – unter uns gesagt – bin ich ja meist immer noch zwei, drei Schritte voraus. Wobei ich den Tag feiern würde, an dem mich einer meiner Akquisiteure überholt. Ich wäre richtig stolz!

> **Würden mich meine Akquisiteure überholen, wäre ich richtig stolz!**

Wahrscheinlich würde er selbst dann weiterhin kommen, wenn er ein richtig großes Projekt an der Angel hätte, und würde fragen: „Hey Markus, hast du Lust, dass wir das zusammen anpacken? Alleine – sagt die Bank – geht das nicht."

Geht das nicht billiger?

Der zweite Einwand, der fast immer kommt, lautet: „Wieso 50:50? Da geht es doch um erhebliche Summen, und der Akquisiteur würde es sicher auch für die Hälfte oder noch weniger übernehmen!"

Dieses Thema nehme ich nur zu gerne auf und führe mit meinen Seminarteilnehmern folgende spannende Übung durch: Ich frage in den Raum, wer seinem Akquisiteur nur 10 Prozent geben würde. Da heben nur wenige die Hand.

1. Wer würde 20 Prozent geben? Es melden sich mehr.
2. 30 Prozent? Da sehe ich sehr, sehr viele Hände.
3. 40 Prozent? Es sind bereits wieder weniger.
4. 50 Prozent? Sehr wenige Meldungen.

Und dann kommt die eigentlich spannende Frage: Wer würde 60 Prozent geben? Da meldet sich keiner mehr. Die einzige Ausnahme war bisher ein Teilnehmer, der sagte: „Wenn ich wüsste, dass dieser Akquisiteur von dir ausgebildet wurde, würde ich ihm auch 60 Prozent geben."

Was ich meinen Teilnehmern damit nahebringen möchte: Fifty-fifty fühlt sich immer gerecht an. Keiner von beiden kommt auf die Idee, dass er eigentlich mehr haben müsste beziehungsweise dass es gerecht wäre, dass der andere weniger bekommt als man selbst. Halber Gewinn, halbes Risiko. Vielleicht tut der eine ein bisschen mehr als der andere, dafür ermöglicht der andere den Deal erst – bei fifty-fifty ist das Verhältnis immer ausgewogen. Und mir ist noch kein Akquisiteur abhandengekommen, weil er woanders mehr bekommt. Kein einziger. Darüber hinaus finde ich diese Teilung einfach auch wertschätzend und richtig.

Das fühlt sich immer gerecht an.

Wenn das Verhältnis sich für dich nicht gut anfühlt, musst du es ja nicht gleich beim ersten Deal anbieten. Du kannst den Anteil zum Beispiel staffeln. Ziel sollte aus meiner Sicht aber immer fifty-fifty sein, weil es meiner Erfahrung nach auf lange Sicht auch für dich die vorteilhafteste Variante ist.

Genau genommen ist es für meine Akquisiteure unter dem Strich aber so oder so der bessere Deal, denn sie bekommen nicht nur Geld, sondern auch Wissen – die wichtigste Währung eines Immobilieninvestors. Das bekommen sie on the job und zwar nicht nur von mir, sondern auch durch das Projekt selbst. Und genau dadurch wird auch mein System von alleine besser.

Skalierung inklusive

Ich habe nämlich nicht nur einen Akquisiteur. Ich habe welche in ganz unterschiedlichen Städten: einen in Düsseldorf, einen in Hannover, einen südlich von Berlin, einen in Hamburg, Bochum, Essen etc. Auf diese Weise haben sich mir Städte erschlossen, die ich zuvor gar nicht im Blick hatte.

Das sind Städte, die ich im Gegensatz zu meinen langjährigen Investitionsstandorten wie zum Beispiel Bielefeld gar nicht bewerten kann, weil ich meine persönliche Zeitressource nicht auf den Aufbau dieser Expertise verwenden wollte und will. Mein Akquisiteur aber kann das.

Mein Akquisiteur kann das.

Der hat sich eingearbeitet und kann mir die guten Deals dort auf dem Silbertablett servieren. Der Akquisiteur hat wegen seiner Beteiligung ein intrinsisches Interesse daran, immer besser zu werden. Also wird mein System durch ihn immer besser. Durch jeden Akquisiteur.

Ganz ohne mich.

Jonas steckt den Kopf in das Arbeitszimmer seines Vaters: „Kann ich dich kurz sprechen, Papa?“

„Komm rein“, antwortet Frank.

Sein Sohn schließt die Tür hinter sich und lässt sich auf den Ledersessel gegenüber dem Schreibtisch fallen.

„Ich wollte zuerst mit dir reden“, sagt er. „Wir müssen Mama schonend darauf vorbereiten, dass ich ausziehen werde.“

„Ausziehen?“, erwidert sein Vater. „Und woher nimmst du das Geld? Von uns bekommst du nicht mehr als jetzt.“

„Weiß ich“, Jonas winkt ab. „Aber ich verdiene genug, seit ich für Julia zusätzlich zu den Besichtigungen auch Baustellenbetreuungen übernehmen darf. Und sie hat mir sogar noch weitere Aufgaben in Aussicht gestellt.“

„Aber du vernachlässigst hoffentlich dafür nicht dein Studium!“, sagt Frank streng.

Jonas lächelt: „Im Gegenteil. Jetzt kann ich erst wirklich etwas mit den Studieninhalten anfangen, weil ich so viel Einblicke in die Praxis bekomme. Das macht wirklich Spaß! Vielleicht steige ich nach dem Studium wie Julia und Christian ins Immobiliengeschäft ein.“

Wie von der Tarantel gestochen richtet sich sein Vater auf: „Spinnst du? Wie soll das gehen? Weißt du überhaupt, was das finanziell bedeutet? Wo willst du das Eigenkapital herbekommen? Die Banken werden dir nichts geben und wenn, dann fressen dich in Nullkommanix die Zinsen auf. Willst du dich – und uns – ins Unglück stürzen?“

Deine Schritt-für-Schritt-Anleitung für dein 10X-Akquisiteursystem

1. Biete den Hungrigen unter den Besten in deinem System an, mit dir gemeinsam ein Projekt zu machen.
2. Sie bringen den Deal, du übernimmst ausschließlich die Aufgaben, die du übernehmen möchtest.
3. Du bietest dich jedoch auf jeden Fall als Sparringspartner und/oder Coach an.
4. Ihr teilt das wirtschaftliche Ergebnis, am besten 50:50.
5. Wächst das gegenseitige Vertrauen, kann auch die Größe der Projekte wachsen.
6. Baut der Akquisiteur seine Expertise auf, verbessert er gleichzeitig dein System – es skaliert ohne dein Zutun.

4 Schritt für Schritt zur 10X-Finanzierung

Zuverlässig und nachhaltig

„Darf ich euch etwas fragen?"

Jonas hat Julia und Christian stolz durch die erste Wohnung geführt, deren Aufwertung er als Baustellenbesichtiger begleitet hat. Bei der Renovierung ist alles glattgelaufen, das Paar ist zufrieden mit Jonas' Arbeit. Sie haben beschlossen, im Café gegenüber noch gemeinsam etwas zu trinken.

„Natürlich, frag nur", antwortet Christian, während Julia die Bestellung aufgibt.

„Also", Jonas druckst ein bisschen herum, „also meine Eltern sagen, dass ihr einen Goldesel im Keller haben müsst, damit ihr euch diese ganzen Immobilien leisten könnt. Ich glaube das nicht, aber ich habe auch keine Ahnung, wie ihr das hinkriegt ..."

Julia und Christian sehen sich an und lachen herzlich.

Schließlich erwidert Christian: „Du hast ganz recht: Einen Goldesel haben wir nicht. Und wenn deine Eltern dir nicht glauben, dürfen sie gerne bei uns im Keller nachschauen kommen."

„Aber", fügt Julia ernst hinzu. „wir selbst haben auch eine Weile gebraucht, um herauszufinden, dass es ohne geht. Solange, bis wir verstanden haben, dass Geld im Immobilieninvestment nie die limitierende Ressource ist."

„Ist sie nicht?", Jonas reißt die Augen auf.

„Nein, Geld steht quasi unlimitiert zur Verfügung", sagt Christian ruhig.

Das Narrativ, dass du viel Geld brauchst, damit du Immobilien kaufen kannst, hält sich hartnäckig. Es hindert viele Menschen daran, die beste Investitionsmöglichkeit überhaupt zu nutzen. Ich finde das sehr bedauerlich, denn die Investition in Immobilien bringt nicht nur dem Investor Vorteile: Er sorgt mit seinem Engagement auch dafür, dass mehr Wohnraum gebaut und instand gesetzt wird und auf diese Weise viele Menschen ihr Grundbedürfnis nach einem vernünftigen Dach über dem Kopf decken können. Für deine 10X-Finanzierung ist es enorm wichtig, dass du verstehst, warum Geld an sich nicht das Problem ist. Lass mich dafür ein bisschen ausholen.

Konsumieren vs. investieren

Geld ausgeben kannst du grundsätzlich auf zwei verschiedene Arten: entweder für eine Investition oder für den Konsum.

Die beiden Arten unterscheiden sich erheblich voneinander: Bei der Investition bekommst du einen Wert zurück, während du beim Konsum ein Wirtschaftsgut erhältst, was in der Regel an Wert verliert, nachdem du es gekauft hast. Klassisches Beispiel ist das Auto: Du kaufst dir einen Neuwagen und sobald du das Nummernschild angeschraubt hast, ist er mindestens 10 Prozent weniger wert.

Konsumausgaben sind an sich nichts Schlechtes. Zu etlichen dieser Wirtschaftsgüter gibt es quasi keine Alternative, wie Lebensmittel und Kleidung. Der Punkt ist nur, dass ich deinen Blick dafür schärfen möchte, dass nicht alles, für was du Geld ausgibst, eine Investition ist – selbst wenn es dir so vorkommt.

> **Nicht alles, für was du Geld ausgibst, ist eine Investition.**

Ein Eigenheim zu kaufen beispielsweise halten sehr viele Menschen für eine Investition und nicht für eine Konsumausgabe. Richtig ist, dass du damit auf der einen Seite einen Sachwert kaufst. Und mal angenommen, du kannst dieses Haus günstiger finanzieren als die Miete, die du dafür zahlen müsstest – dann könnte der Kauf fast als Investition durchgehen. Aber eben nur fast. Der Grund: Es erwirtschaftet kein Geld. Es macht dich nicht flexibel. Darüber hinaus verführt dich diese „Investition" zu Konsum, weil du dein Eigenheim natürlich mit schöneren Dingen ausstatten möchtest als die Wohnung, die du weitervermietest.

Verstehe mich nicht falsch: Ich will darüber kein Urteil fällen. Das Eigenheim bringt auf jeden Fall eine emotionale Rendite und im besten Fall gewinnt es – wie jede andere Immobilie auch – mit der Zeit an Wert. Grundsätzlich ist es aber keine klassische Investition. Und gerade für Immobilieninvestoren im Wachstum ist es eine Ausgabe, die sie im weiteren Wachstum behindert.

> **Ein Eigenheim behindert Immobilieninvestoren im Wachstum.**

Eine echte Investition dagegen ist darauf angelegt, dass du mit dem 1 € Einsatz nicht nur 1 € Werterhalt erzielst, sondern über die Zeit vielleicht 2, 3 oder 5 € machst. Optimalerweise profitierst du von dieser Wertsteigerung sogar nicht erst am Tag X in ferner Zukunft, sondern du generierst laufend Einnahmen und kannst idealerweise irgendwann davon leben, wenn das dein Ziel ist.

Das geht nur durch Investition in Sachwerte mit laufender Rendite. Und da sind Immobilien die bei Weitem beste Investition überhaupt.

Warum ist das so?

Dein Renditehebel

Skeptiker verweisen an dieser Stelle gerne auf Aktien: Die erwirtschaften langfristig mehr Rendite als eine Immobilie. Aktien liegen im Mittel bei um die 8 Prozent pro Jahr, das schafft eine Immobilie in der Regel nicht. Aber jetzt kommt ein wesentlicher Aspekt dazu, und der funktioniert sinnvoll eben nur bei einer Immobilie: der sogenannte Hebeleffekt.

Denn du nimmst ja nur einen kleinen Teil an Eigenkapital in die Hand und den Rest holst du dir ressourcentechnisch von woanders. Wichtig zu wissen: Je weniger Eigenkapital du einbringst, desto höher ist die Rendite für dein Eigenkapital, da die Rendite ja immer auf das Gesamtobjekt läuft.

Je weniger Eigenkapital du einbringst, desto höher ist die Rendite.

Ich will dir das an einem Beispiel erläutern. Ich halte die Zahl bewusst einfach, denn es geht nur um das Prinzip. Wenn du magst, ergänze einfach ein paar Nullen: Stelle dir vor, du kaufst eine Immobilie für 100.000 €. Du setzt dafür 20.000 € Eigenkapital ein und schaffst es, dass das Objekt 2.000 € tatsächlichen Überschuss im Jahr erwirtschaftet. Bezogen auf die 100.000 € hast du somit 2 Prozent Rendite. Bezogen auf deine 20.000 € Eigenkapital hast du aber 10 Prozent Rendite – sprich, du schlägst sogar den Aktienmarkt. Und je weniger Eigenkapital du einsetzt, umso besser wird es. Natürlich muss das Objekt gut sein und sich rechnen, aber dann geht das.

Über die Zeit passiert übrigens noch etwas ...

Dein Vermögensaufbau

Erstens kannst du das Objekt weiterentwickeln. Und zweitens kannst du deinen Eigenkapitalanteil weiter minimieren oder ganz herausnehmen oder aber dein Eigenkapital mehrfach für unterschiedliche Objekte einsetzen – wie das geht, darauf gehe ich in diesem Kapitel noch vertieft ein. Was das für die Eigenkapitalrendite bedeutet, das kannst du dir selbst ausrechnen: Theoretisch geht deine Rendite sogar gegen unendlich, wenn dein Eigenkapital gegen null geht.

Theoretisch kann deine Rendite gegen unendlich gehen.

So baust du dir im wahrsten Sinne des Wortes Vermögen auf, das andere für dich bezahlen, indem du ihnen ihr Grundbedürfnis nach Wohnen befriedigst. Und je besser du das machst, desto mehr sind sie bereit, dafür zu bezahlen, desto höher ist deine Rendite.

Das heißt, je besser du deinen Job in all seinen Bereichen machst, desto mehr Geld verdienst du: Je besser du deinen Job auf der Akquiseseite machst (oder von jemandem machen lässt, der es besser kann als du), desto bessere Objekte kriegst du. Je besser du deinen Job auf der Finanzierungsseite machst oder machen lässt, desto weniger Eigenkapital setzt du ein. Und je besser du in der Organisation bist und deinen zeitlichen Einsatz minimierst (dazu mehr im nächsten Kapitel), desto höher ist am Ende des Tages dein Stundenlohn.

Ein Investor, der nicht mindestens eine hohe zweistellige Rendite auf sein Eigenkapital hat und der nicht parallel einen mindestens vierstelligen Stundenlohn hat, macht etwas falsch.

Ein Investor ohne vierstelligen Stundenlohn macht etwas falsch.

Wohlgemerkt:
Das gilt nicht für die erste Immobilie, sondern langfristig!

Dein rechnerischer Stundenlohn

Ich werde oft gefragt, wie denn dieser Stundenlohn überhaupt zu berechnen ist, deshalb hier ein Mini-Loop dazu: Du als Immobilieninvestor berechnest deinen Stundenlohn natürlich zum einen aus den Überschüssen, die deine Objekte pro Monat erwirtschaften, hochgerechnet auf das Jahr.

Dazu addierst du die Wertsteigerung deiner Objekte. Das ist individuell nicht so leicht festzulegen, aber da sich Immobilien sehr langfristig gesehen stets analog zur Inflationsrate entwickeln, sind das um oder über 2 Prozent pro Jahr.

Hinzu kommt noch ein dritter Posten und den vergessen sehr viele in ihrer Berechnung: Du beziehungsweise deine Mieter tilgen ja auch. Das heißt, alles, was du in diesem Jahr getilgt hast, kannst du als deinen Verdienst dazurechnen, denn daraus hast du ein Vermögen geschaffen.

> **Diesen Posten vergessen sehr viele in ihrer Berechnung.**

Aus diesen drei großen Komponenten ergibt sich dann eine Summe, die mit jedem weiteren Investment höher wird. So, und jetzt kommt der Trick: Du teilst diese Summe durch die Anzahl von Stunden, die du gerne arbeiten würdest. Achtung: Das ist nicht die Zahl, die du tatsächlich arbeitest oder bereit bist zu arbeiten, sondern tatsächlich die, die du gerne arbeiten würdest. In meinem Fall sind das zum Beispiel zehn Stunden pro Woche.

Ich teile die Summe also durch etwa 40 Stunden im Monat statt durch die 172 oder mehr eines normalen Arbeitnehmers. Letzteres wäre Konzerndenke, und davon habe ich mich als Investor bewusst verabschiedet. Entsprechend kommt selbstverständlich ein ganz anderer Stundenlohn heraus.

Selbst wenn ich nicht in der Lage bin, meine Arbeit in nur zehn Stunden pro Woche zu erledigen, motiviere ich mich mit dieser Berechnung dazu, meine Ressource Zeit noch mehr zu entlasten. Denn mein Stundenlohn ist die Basis für meine Kalkulation, ob es sich lohnt, Dinge abzugeben – ob es mir das wert ist. Natürlich muss meine Liquidität das auch hergeben, sprich: Ich muss es bezahlen können. Aber ich weiß schon mal, was es mir wert ist.

> **Ich motiviere mich mit dieser Berechnung dazu, mich noch mehr zu entlasten.**

Mal angenommen, ich verdiene kalkulatorisch 1.000 € die Stunde und habe einen Besichtiger, der das für 20 € erledigt: Da bin ich relativ schnell raus aus der Überlegung. Die Frage ist dann nur noch: Kann ich die 20 € aufwenden? Denn die beiden 10X-Fragen sind eindeutig beantwortet: Der Besichtiger KANN das machen und – wenn ich ihn gut ausgesucht habe – kann er das BESSER als ich. Wenn ich es mir auch noch leisten kann, gibt es keinen einzigen Grund, das nicht zu tun.

Doch zurück zum Geld und warum es quasi unlimitiert zur Verfügung steht.

Deine potenziellen Ressourcen

Im vorangegangenen Kapitel hast du bereits erfahren, dass Geld eine Ressource neben vielen anderen ist – und noch dazu eine, die weltweit gesehen mehr als ausreichend vorhanden ist. Und auf diese weltweiten Bestände richtet sich der Blick des 10X-Investors.

Er beschränkt sich bei seinen Überlegungen nicht auf das Geld, das sich auf seinem Bankkonto befindet – das kann sogar gegen null gehen. Und selbst wenn er über Eigenkapital bis zum Abwinken verfügt, hat der 10X-Investor verstanden, dass seine Rendite umso höher ist, je weniger er davon einsetzt. Deshalb trachtet er danach, Zugang zu Kapital zu finden, das nicht sein eigenes ist.

> **Der 10X-Investor beschränkt sich nicht auf das Geld auf seinem Bankkonto.**

Welche Zugänge sich dir als 10X-Immobilieninvestor bieten, stelle ich dir in diesem Kapitel vor. Du darfst und solltest diese Zugänge miteinander kombinieren. Um das klug zu tun, brauchst du nur eine Voraussetzung. Welche das ist, erfährst du im nächsten Abschnitt.

So verstehst du, was du brauchst

Missmutig knallt die Bedienung die bestellten Getränke auf den kleinen Bistrotisch und verschwindet sofort wieder. Während sich Jonas noch von seiner Überraschung erholt, dass Geld für Immobilieninvestments praktisch unlimitiert verfügbar ist, schiebt Julia ihm seine Latte mit Hafermilch und Christian seinen Cappuccino hinüber. Dann zieht sie ihren Espresso zu sich.

„Weißt du, unsere ersten Wohnungen haben wir noch ganz klassisch finanziert. Ich bin zu unserer Hausbank gegangen, habe die Unterlagen zu der Immobilie und unsere Einkommensnachweise präsentiert und nach der Höhe des Kredits gefragt. Der freundliche Berater hat mir mitgeteilt, dass sie uns gerne 80 Prozent vom Kaufpreis geben, wenn wir die restlichen 20 Prozent plus die etwa 10 Prozent Nebenkosten aus unserem Eigenkapital zuschießen. Das klang überzeugend, also haben wir das gemacht, nicht wahr, Christian?"

„Genau", Christian zieht mit den Löffel eine braune Linie über die Milchschaumhaube seine Cappuccinos und lächelt. „Das war ja auch das, was wir von anderen gehört und erwartet hatten. Bei der zweiten und dritten Wohnung lief das ähnlich. Doch dann hat Julia eines Abends mir vorgerechnet, was das für unsere Wachstumspläne heißt: Keine Chance, denn schon mit der nächsten Immobilie werden wir ‚out of Eigenkapital' laufen."

Julia setzt ihre Espressotasse ab und schaut Jonas an:
„Das war schon ein Schock, denn bei meiner Rechnung kam heraus, dass wir beide ab sofort mindestens doppelt so viel verdienen ..."
„... oder einen anderen Weg finden mussten, wie wir unsere Immobilien finanzieren", ergänzt Christian und prostet mit seiner Tasse Julia zu. „Wir haben uns dann für Letzteres entschieden."

Julia nickt: „Danach habe ich angefangen, mich in Sachen Finanzierung umzuhören. Ich bin zu einem Immobilienstammtisch gegangen. Ich habe einige Seminare belegt. Und dann bin ich wieder zur Bank gegangen. Aber nicht nur zu unserer Hausbank, sondern zu einigen anderen auch. Ich habe von mir aus Vorschläge gemacht und verhandelt. Und wir haben uns darüber hinaus weitere Ressourcen erschlossen. Kurz gesagt: Wir haben eine eigene Finanzierungsstrategie entwickelt, damit wir unser Ziel erreichen."

Im Kapitel 3.1 dieses Buches drehte sich alles um dein Ziel, weil eine 10X-Akquise nur gelingt, wenn du weißt, wo du hin willst – danach richtet sich deine Strategie. Das gilt für deine 10X-Finanzierung ganz genauso: Von deinem Ziel hängt ab, was du brauchst, und davon hängt ab, wie du es dir am besten beschaffst.

Ich greife noch einmal das Beispiel von vorhin auf: Du willst bis zum Jahr X auf Bali leben mit rund 5.000 € netto Überschuss pro Monat aus deinen Immobilien.

Was brauchst du an Kapital?

Davon ausgehend rechnen wir rückwärts, was das für die Finanzierung bedeutet. Und damit es nicht so kompliziert wird, sagen wir, du hantierst ausschließlich mit Wohnungen, die dir 100 € Überschuss pro Monat bringen. Für deine 5.000 € brauchst du also am Ende des Tages 50 Wohnungen.

Diese 50 Wohnungen musst du natürlich zuvor einkaufen. Jede dieser Wohnungen kostet genau 100.000 € (für alle Investoren in Ballungsgebieten: Ja, es ist ein Gedankenspiel). Das heißt, du brauchst 5 Millionen €, um diese Wohnungen zu kaufen.

Wenn du dir auf die klassische Art und Weise von der Bank 80 Prozent finanzieren lässt, brauchst du also 1 Million € Eigenkapital plus die lästigen Nebenkosten von rund 10 Prozent. Das heißt, du hast einen Eigenkapitalbedarf von 1,5 Millionen €, um dein Ziel zu erreichen. Die Nachsteuerbetrachtung haben wir dabei noch ganz außen vor gelassen. Das ist mit Immobilien im Übrigen durchaus möglich, wenn du es gut steuerst. Vielleicht schreibe ich dazu auch einmal ein Buch ...

Was an diesem Gedankenexperiment deutlich wird: Es ist wichtig, dass du dein Ziel kennst, was du für wen kaufst und dass du eine saubere Kalkulation dazu erstellen kannst – kleiner Hinweis: Das steht alles in meinem ersten Buch.

Verfügst du über diese 1,5 Millionen € Eigenkapital, kannst du an dein Projekt relativ schnell einen Haken machen. Funktioniert. Allerdings hätte ich in diesem Fall noch einige andere, bessere Optionen für dich und deinen Traum vom Leben auf Bali.

Hast du diese 1,5 Millionen € Eigenkapital nicht, brauchst du sowieso eine andere Lösung. Die Frage ist: Wie kriegst du es hin mit viel, viel weniger Eigenkapital, also vielleicht bereits mit einigen 10.000 €?

Wer hat das Kapital?

Die Prämisse habe ich weiter oben schon erwähnt: Geld ist eine Ressource, die weitgehend unlimitiert zur Verfügung steht, wenn es nicht dein eigenes sein muss. Und es muss eben nicht dein eigenes sein. Deine Überlegung geht also dahin, wie und warum es für denjenigen, der diese Ressource besitzt, Sinn machen könnte, diese dir zur Verfügung zu stellen. Und Ressourcenbesitzer sind bei Weitem nicht nur Banken.

Für dich als 10X-Investor ist es deshalb ein Muss, dir über deine Finanzierung Gedanken zu machen, um den Hebeleffekt deines Einsatzes bestmöglich zu nutzen. Du denkst auf einmal über ganz andere Dinge nach und eröffnest dir neue Chancenhorizonte.

> **10X-Investoren nutzen bestmöglich den Hebeleffekt.**

Das gilt selbst für den Fall, dass du in erheblichem Maße Eigenkapital besitzt. In Abwandlung eines geflügelten Börsenwortes sage ich:

- Wer viel Geld hat, DARF mit fremdem Geld investieren.
- Wer wenig Geld hat, KANN mit fremdem Geld investieren.
- Wer kein Geld hat, MUSS mit fremdem Geld investieren.

Ja, selbst wer gar kein Eigenkapital hat, darf über Immobilieninvestments nachdenken. Das macht es nicht ganz einfach, aber es geht.

In den kommenden Abschnitten stelle ich dir die verschiedenen Möglichkeiten im Einzelnen vor, wie du deine Ressourcen maximal erweitern kannst. Und am Ende des Kapitels verrate ich dir, wie du dir dein 10X-Finanzierungssystem baust, das sich selbst skaliert.

So potenzierst du dein Eigenkapital

Immobilien sind im Grunde vor allem deshalb so großartig geeignet für deinen Vermögensaufbau, weil du anhand von Immobilien dein Eigenkapital hebeln kannst. Aus 20.000 € Eigenkapital kannst du dir mit Sicherheit 80.000 € zusätzliches Darlehen nehmen und für 100.000 € etwas einkaufen.

> **Durch Immobilien kannst du dein Eigenkapital hebeln.**

Idealerweise bezahlt der Mieter das Objekt für dich ab, und du baust langfristig ein Vermögen von 100.000 € auf.

Ganz klar: Immobilien sind ein wundervoller Hebel!

Dein endlicher Hebel

Die Herausforderung an diesem Hebel ist, dass du erst einmal etwas zum Hebeln brauchst – und das ist in der Regel dein Eigenkapital.

Ja, es gibt auch Projekte, bei denen die Banken deinen Deal zu 100% finanzieren. Das kann der Fall sein, wenn du zum Beispiel sehr gut einkaufst oder wenn du einen guten Draht zu deinen Banken hast oder über eine außerordentliche persönliche Bonität verfügst. Dann ist dein Basiseinsatz null und der Hebel dadurch unendlich. Aber ich kann dir keine Hoffnung machen, dass das dauerhaft und strukturiert skaliert funktioniert.

Eine 100%-Finanzierung funktioniert nicht dauerhaft und skaliert.

Selbst bei mir, der ich über einen wirklich sehr großen Bestand verfüge, ist es so, dass die ein oder andere Bank sagt: „Herr Beforth, bei diesem Objekt würden wir doch gerne ein bisschen Eigenkapital sehen."

Das heißt, dass du früher oder später vor der Herausforderung stehst, dir über dein Eigenkapital Gedanken machen zu müssen. In aller Regel steht Eigenkapital nämlich nicht in unbegrenztem Umfang zur Verfügung. Und in der Zeit, in der es an der einen Stelle als Sicherheit dient, kannst du es nicht an anderer Stelle nutzen. Dieses Kapital ist zwar nicht weg und es arbeitet in dieser Zeit indirekt für dich, aber du kannst nicht mehr darüber verfügen. Es sitzt fest.

Normalerweise sitzt dein Eigenkapital fest.

Was aber, wenn du dieses festsitzende Kapital viel schneller wieder nutzen könntest? Wenn du es schon nach relativ kurzer Zeit wieder für den nächsten Deal zur Verfügung hättest? Natürlich könntest du mit derselben Summe Eigenkapital wesentlich mehr Hebelwirkung erzielen.

Genau das ist die Idee von rollierendem Eigenkapital.

Dein Hebelproblem

Lass' es mich dir an einem Beispiel zeigen, wie das in der Praxis aussieht:

Stelle dir vor, du möchtest eine Wohnung kaufen. Deine Gesamtinvestitionskosten, also der Kaufpreis von 100.000 € plus aller Nebenkosten, wie Grunderwerbsteuer, Notar, Makler von 10.000 €, beträgt 110.000 €. Deine Bank sagt: „Prima.

Wir geben dir 80.000 €, und 30.000 € bringst du bitte als Eigenkapital mit."

Normalerweise kommst du erst nach zehn Jahren, wenn deine Zinsbindung ausläuft, wieder an diese 30.000 € heran. Denn selbst wenn du deine Immobilie innerhalb von ein bis zwei Jahren super entwickelt hast und bei der Bank wegen einer Nachfinanzierung anklopfst, wird diese in der Regel antworten: „Nein, so eine Zwischenbewertung machen wir nicht. Wir fassen die Immobilie erst wieder am Ende der Zinsbindung an."

> **„Zwischenbewertung? Machen wir nicht."**

Wenn das nun deine einzigen 30.000 € waren, kannst du daher die nächsten zehn Jahre keine weitere Immobilie mehr kaufen. Das ist wenig zielführend, wenn dein Plan ist, dank deiner Immobilien finanziell frei und gelassen zu werden.

Also brauchst du eine Möglichkeit, deutlich früher über dieses Eigenkapital zu verfügen. Und diese Möglichkeit verschaffst du dir so ...

Deine Hebellösung

Du sagst zu deiner Bank: „Moment! Ihr seht, dass der Mietertrag aktuell bei 800 € liegt. Ortsüblich ist allerdings deutlich mehr. Nehmen wir an, ich schaffe es, die Miete von 800 auf 1.050 € zu entwickeln. Das sind 30% mehr. Dementsprechend ist auch das Objekt 30% mehr wert, nicht wahr?"

Die Wahrscheinlichkeit ist groß, dass deine Bank das auch so sieht, weil sie nach diesem Ertragswertverfahren die Objekte bewertet.

Dann sagst du: „Liebe Bank, wenn du für einen Moment so tust, als wären das schon 1.050 €: Du würdest mir doch wahrscheinlich die 110.000 € geben, weil du zu dem Schluss kommst, dass es das wert ist, oder?"

> **„Liebe Bank, ich habe da einen Vorschlag …"**

Nicken. Du: „Mir ist klar, dass mir dazu aktuell 30% fehlen. Deshalb stelle ich dir als rollierende Sicherheit diese 30.000 € von meinem Konto zur Verfügung, also eine Zusatzsicherheit. Diese möchte ich aber nicht einmalig in diese Wohnung stecken, sondern ich möchte sie noch viele Male verwenden. Deshalb, liebe Bank, ist mein Vorschlag: Du gibst mir einen Kredit über 110.000 € und bekommst die Wohnung als Sicherheit plus die 30.000 € auf ein Sperrkonto. Sobald ich es aber geschafft habe, die Miete von 800 auf 1.050 € zu entwickeln, gibst du mir meine 30.000 € Zusatzsicherheit wieder frei. Und wir beginnen das Spiel von vorne." Das ist das, was ich eine Zielfinanzierung nenne.

Deine Zielfinanzierung

Für deine Zielfinanzierung machst du dir noch vor dem Kauf Gedanken, welches Ziel du mit dieser Immobilie erreichen willst. Und dieses Ziel teilst du der Bank auch mit. Denn die Bank hat ja einen guten Grund, dir nur eine 80%ige Finanzierung anzubieten. Es wäre ihr eigentlich viel lieber, sie könnte mit dir ein Geschäft über 110.000 als über 80.000 € machen, aber sie hat nun mal die Herausforderung, dass sie den Gegenwert sehen muss.

Solange sie vermutet, dass bei der 110.000-€-Gesamtinvest-Wohnung bei den 800 € Miete pro Monat Schluss ist, sieht sie diesen Gegenwert nicht. Doch wenn du ihr deine Idee vermitteln kannst, wie du als Investor die Wohnung entwickeln und statt 800 € Miete irgendwann 1.050 € Miete oder mehr bekommen wirst, freut sich die Bank.

> **Da freut sich auch die Bank.**

Sie sieht die Chance, ein größeres Geschäft mit dir zu machen, ohne ins Risiko gehen zu müssen. Denn solange deine Idee mit der höheren Miete noch nicht realisiert ist, hat sie ja dein Eigenkapital als Sicherheit. Und ihr vereinbart, dass sie dieses erst wieder hergeben muss, wenn die Wohnung nachgewiesenermaßen den größeren Wert hat. Beziehungsweise, ihr vereinbart Zwischenschritte: Wenn die Miete zum Beispiel bei 950 € angelangt ist, gibt die Bank dir die Hälfte deines Eigenkapitals frei und den Rest, wenn die 1.050 € erreicht sind.

Auf eines solltest du allerdings bei einer solchen Finanzierung unbedingt achten ...

Deine Kalkulation

Vielleicht kennst du schon meinen Lieblingssatz im Immobiliengeschäft: „Wenn es sich rechnet, dann rechnet es sich". Dieser Satz stimmt einfach immer und das heißt in diesem Fall: Natürlich ist die Voraussetzung, dass sich der Deal für dich auch mit 110.000 € Schulden rechnet – so viel solltest du vorab schon kalkulieren. Schließlich zahlst du mehr Zinsen und bekommst für dein eingesetztes Eigenkapital kaum Zinsen.

> **Nur wenn es sich rechnet, rechnet es sich.**

Stellt sich bei deiner Kalkulation heraus, dass du in der Rate stets zuzahlen musst, wird das langfristig nicht funktionieren.

Wenn es sich aber rechnet und du über dieses Eigenkapital in Form von Geld auf der Bank verfügst, ist das Konstrukt extrem einfach und sinnvoll. Aber lass' uns einen Schritt weiter gehen.

Mehr als dein Kapital

Stell dir jetzt vor, du hast bereits andere Objekte im Bestand, und bei denen hat die Bank dir gesagt, dass sie die laufende Finanzierung nicht anfasst, selbst wenn du die Immobilie nachweislich entwickelt hast. Nun kannst du sie jedoch ziemlich sicher dafür gewinnen, für den Kauf deiner dritten

Wohnung eine Grundschuld auf die erste, die du mit ihnen finanziert hast, als Sicherung zu akzeptieren. So hast du plötzlich kein rollierendes Eigenkapital hinterlegt, sondern eine rollierende Sicherheit.

> **So hast du plötzlich kein Eigenkapital hinterlegt.**

Natürlich darfst du nicht vergessen, auch für diese Art der Sicherheit eine klare Vereinbarung mit der Bank zu treffen, wann du diese Sicherheit wiederbekommst. Schließlich willst du diese rollierende Sicherheit ebenfalls mehrfach einsetzen können!

Und nun denke noch einen Schritt weiter: Was könnte sich noch als rollierende Sicherheit eignen? Vielleicht hast du ein Aktiendepot. Oder du hast einen schönen Oldtimer in der Garage. Oder Gold im Keller. Egal was die Bank theoretisch als Sicherheit akzeptieren würde, kannst du hier einsetzen. Und es wiederbekommen und für das nächste Objekt einsetzen.

Doch damit bist du immer noch nicht am Ende der Möglichkeiten angekommen. Erst das nächste Level ist die wahre Skalierungsebene. Denn – überlege mal – müssen diese ganzen Sachen, die ich eben aufgeführt haben, überhaupt dir gehören?

Mehr als deine Sicherheiten

„Ich bin da, Schatz!“, ruft Christian, als er die Wohnung betritt und das Licht im Flur anmacht. Es ist noch später geworden als sonst, weil sein Chef in der Unternehmensberatung nicht nur spontan am Abend noch ein Meeting angesetzt hat, sondern auch darauf bestanden hat, dass Christian danach bleibt, um die Unterlagen für den Kunden zusammenzustellen. Doch der Gedanke daran, dass diese Fremdbestimmtheit in absehbarer Zeit ein Ende haben wird, hat bewirkt, dass Christian dennoch gelassen geblieben ist.

„Ich bin im Badezimmer“, hört er Julia rufen. „Komm, das Wasser ist wunderbar warm. Und der Champagner wunderbar kalt!“

Champagner? Christian überlegt kurz, ob er ihren Hochzeitstag vergessen hat. Aber nein, der ist definitiv nicht heute. Was gibt es also zu feiern?

Er streift seine Schuhe ab, hängt sein Jackett an die Garderobe und lockert, während er Richtung Badezimmer geht, seine Krawatte. Als er die Tür öffnet, schlägt ihm eine Dampfwolke entgegen, und er fühlt sich an den Film „Pretty Woman" erinnert: Julia sitzt eingebettet in einem flaumigen Berg aus Schaum, die Haare unter einem Turban verstaut und prostet ihm mit einem Sektkelch zu.

„Ich habe dir schon ein Glas bereitgestellt.", sagt sie strahlend und deutet auf den Badewannenrand. „Was ist los?", fragt Christian.

„Erzähle ich dir, sobald du in der Wanne bist", antwortet sie keck.

Keine Minute später sitzt Christian Julia gegenüber. Die Gläser klingen beim Anstoßen.

„So, aber nun schieß' los", drängt er.

„Also", Julia dehnt das Wort genüsslich aus, „ich habe dir doch letztes Wochenende die Anzeige mit diesem wundervollen Mehrfamilienhaus gezeigt: acht Parteien, kostet eine Million € und hat Mieterträge von 50.000 € per anno. Aber es ist im kompletten Underrent, eigentlich wäre es gut für 100.000 €. Und wir waren uns sicher, dass ich diese Mieterträge sehr schnell in Richtung 70.000 oder 80.000 € entwickeln kann – im Rahmen der gesetzlichen Anpassungen der Miete oder auch von Sofa-Gesprächen mit den Mietern, so wie wir es schon oft gemacht haben."

Sie macht kurz Pause, um an ihrem Glas zu nippen, und fährt fort: „Weißt du noch, dass du gesagt hast, dass wir das unbedingt machen müssten?"

„Ja, klar", erwidert Christian. „Aber ich habe auch gesagt, dass wir das aktuell nicht hinkriegen. Wir haben doch erst vor Kurzem unser letztes Eigenkapital für das andere Mehrfamilienhaus einsetzt und die Abwicklung ist noch in vollem Gange. Frühestens in einem halben Jahr können wir wieder über solche Objekte nachdenken. Schade, aber vorher wird unser Banker zu so etwas freundlich, aber nachdrücklich ‚Nein' sagen."

„Nicht ganz", antwortet Julia lächelnd. „Von ihm habe ich einen ganz entscheidenden Tipp bekommen. Er hat nämlich gesagt, dass wir das grundsätzlich schon machen könnten, falls wir ihm andere

Sicherheiten geben könnten."

„Andere Sicherheiten? Welche denn? Wir haben keine freien Sicherheiten mehr", sagt Christian. Langsam wird er ungeduldig.

„Wir nicht. Aber deine Eltern", erwidert Julia ruhig.

„Meine Eltern?" Christian rutscht vor Entgeisterung fast das Glas aus der Hand.

„Ja, deine Eltern. Sie wohnen doch in einem abbezahlten Häuschen. Wir bieten der Bank diese Immobilie als Sicherheit, bis ich die Mieterträge auf mindestens 75.000 € entwickelt habe, und bezahlen deinen Eltern während dieser Zeit eine Art Zusatzrente."

Er schüttelt zweifelnd den Kopf: „Ich weiß nicht, ob sich meine Eltern auf einen solchen Vorschlag einlassen werden."

Julia lächelt erneut: „Ich habe bereits mit ihnen gesprochen."

„Und?"

„Sie sind begeistert! Cheers, mein Lieber!"

Natürlich besteht für den, der dir eine solche Sicherheit überlässt, ein gewisses Risiko: Schließlich darf sich die Bank daran bedienen, wenn alle Stricke reißen. Aber in einem Fall wie bei Julia und Christian ist dieses Risiko verschwindend gering.

Und das Restrisiko?

Selbst wenn Julia die Miete nach dem Kauf erst einmal nur um die 20 Prozent erhöht, was dem Mietspiegel entsprechend geht, sind sie schon bei 60.000 €. Und selbst wenn sie darüber hinaus gar nichts schafft, kann sie diese Miete in drei Jahren erneut erhöhen und liegt dann bei 72.000 €.

Aller Wahrscheinlichkeit nach wird sich jedoch in der Zwischenzeit noch mehr tun: Zum Beispiel zieht ein Mieter aus oder unterschreibt eine Sondervereinbarung. Das heißt, Julia erreicht selbst in diesem ungünstigen Fall spätestens in dreieinhalb Jahren die 75.000 € Mieterträge und kann die

Sicherheit auslösen.

Selbst im ungünstigen Fall sicher.

Ihr Ziel ist es allerdings, diesen Betrag innerhalb von sechs Monaten im Rahmen von freundlichen und entspannten Gesprächen mit ihren Mietern hinzubekommen – und das scheint ihr realistisch.

Was, schon vorbei?

Dennoch brauchst du natürlich das Vertrauen der Personen, die dir ihre Sicherheiten zur Verfügung stellen, selbst wenn rational das Verlustrisiko sehr gering ist. Wenn du das aber hast, geben dir diese die Sicherheit oft sogar sehr gerne: Sie profitieren schließlich davon.

Wer Sicherheiten gibt, profitiert.

Tatsächlich kenne ich mehrere Fälle, in denen Eltern ihrem Kind ihr Eigenheim als Sicherheit zur Verfügung stellten. Und sie waren regelrecht enttäuscht, als das Häuschen wieder aus der Sicherheit entlassen wurde und sie auf ihre Zusatzrente verzichten mussten.

Du siehst: Sobald du verstanden hast, dass Geld nichts anderes ist als eine Ressource, kannst du die Geschichte mit dem Eigenkapital aus einer neuen Perspektive betrachten – und deine Möglichkeiten ungleich erweitern.

Ganz ähnlich ist das übrigens mit deiner Liquidität: Mit der richtigen Strategie kannst du dafür sorgen, dass dir kein Schnäppchen mehr entgeht, nur weil du gerade nicht flüssig bist. Wie diese Strategie aussieht, darum geht es im nächsten Kapitel.

Deine Schritt-für-Schritt-Anleitung für 10X-Nutzung deiner Sicherheiten

1. Mache dir dein Ziel für deine neue Immobilie klar, denn so kannst du mit der Bank eine für dich günstige Zielfinanzierung aushandeln.
2. Entwickle eine Vorstellung, welche rollierende Sicherheit du einsetzen kannst. Denke dabei nicht nur an deine eigenen Optionen, sondern auch solche, die dir andere zur Verfügung stellen können.
3. Teile deine Zielvorstellung mit deiner Bank, damit sie ihre Chance erkennt.
4. Schlage eine Sicherheit vor, die für die Bank einen angemessenen Wert darstellt.
5. Triff klare Vereinbarungen, unter welchen Bedingungen die Bank deine Sicherheit wieder freigibt, gerne auch schrittweise.

So verschaffst du dir Liquidität

> Donnerstagnachmittag. Christian schwitzt über der langen Aufstellung, die sein Chef im Beratungsunternehmen bis in einer Stunde vorliegen haben möchte. Sein Handy hat er auf lautlos gestellt und neben sich auf die Schreibtischplatte gelegt.
>
> Im Augenwinkel sieht er, wie das Display angeht: eine WhatsApp von Julia.
>
> ‚Jetzt nicht', denkt er und versucht sich weiter auf die Zahlenkolonnen auf dem Bildschirm seines Laptops zu konzentrieren. Aber es gelingt ihm nicht.
>
> Er seufzt, tippt auf die Nachricht und denkt: ‚Nur einen kurzen Blick.'
>
> „Es hat geklappt!!!", liest er. Und daneben ein Jubel-Emoji.
>
> Christian legt die Stirn in Falten. Was meint Julia? Das muss er jetzt wissen.
>
> Er nimmt das Handy in die Hand und schreibt: „Was genau hat geklappt?", und ergänzt einen fragenden Smiley.
>
> Keine fünf Sekunden später kommt Julias Antwort: „Ich habe unser Liquiditätsproblem wie besprochen gelöst. Hey, jetzt kann uns kein guter Deal mehr entgehen!"
>
> ‚Wow', denkt Christian und schickt ihr drei dicke Herzen zurück.

„Reich an Steinen, arm an Liquidität" – das ist die Realität eines Immobilieninvestors und diese Realität wird wahrscheinlich auch dir begegnen: Schließlich willst du dein Geld lieber mitarbeiten als herumliegen lassen. Das ist ein guter Gedanke, der aber eben seine Schattenseiten hat.

Mangels Masse

Ich habe diese Schattenseite zum Beispiel eindrucksvoll in meiner frühen Zeit als Immobilieninvestor erlebt: Da gab es einen Zeitpunkt, an dem mehrere meiner Wohnungen auf einen Schlag leer geworden sind.

Sie hatten alle gemeinsam, dass ich sie deutlich besser hätte vermieten können, wenn ich sie renoviert hätte. Dazu fehlte mir aber schlicht und ergreifend die Liquidität, weil ich parallel bereits zwei andere Renovierungen angestoßen hatte. Somit waren meine Reserven an Eigenkapital erschöpft. Also musste ich diese Wohnungen unrenoviert weitervermieten, natürlich weiterhin zu einer deutlich geringeren Miete. Ehrlich gesagt erwischte ich aus diesem Grund auch die falschen Mieter, sodass das eine doppelt schlechte Entscheidung war. Doch es ging nicht anders, denn die Alternative wäre gewesen, die Wohnungen leer stehen zu lassen – und das konnte ich mir nicht leisten.

Leer stehende Wohnungen konnte ich mir nicht leisten.

Damals sah ich ein, dass ich nach Möglichkeiten suchen musste, mir Liquidität zu verschaffen, ohne mein eigenes Kapital vom Arbeiten abzuhalten. Ich habe sie gefunden und bin ein absoluter Fan davon geworden. Es ist für mich ein echtes Magic Tool – und das kann es auch für dich sein.

Darf ich vorstellen: deine Kontokorrent-Kreditlinie.

Dein Magic Tool

Falls du noch keine Vorstellung hast, was eine Kreditlinie ist, hier eine kurze Erklärung: Eine Kreditlinie ist im Grunde nichts anderes als ein Dispositionskredit. Den kennen die meisten: Sobald sie regelmäßig Lohn auf ihr Konto überwiesen bekommen, meldet sich irgendwann die Bank (manchmal sogar freiwillig) und sagt: „Lieber Kunde, wir richten dir das Ein-, Zwei-, vielleicht auch Dreifache deines Nettolohns als Kreditrahmen ein. Den darfst du ausschöpfen, ohne uns zu fragen."

So ein Dispositionskredit macht dich extrem flexibel: Wenn du ihn brauchst, nimmst du ihn in Anspruch, wenn du ihn nicht brauchst, eben nicht.

Wenn du ihn brauchst, nimmst du ihn in Anspruch.

Die Bank bietet dir das an, weil der Dispositionskredit mit deiner Schaffenskraft, sprich deinem Nettogehalt abgesichert ist. Sie geht davon aus, dass du mit ausreichend großer Wahrscheinlichkeit in der Lage bist, gegebenenfalls das ein- bzw. dreifache deiner monatlichen Einnahmen wieder zurückzuführen. Und da die Zinsen auf den Dispositionskredit erheblich höher sind als die auf einen normalen Kredit, verdient die Bank parallel gutes Geld an dir.

Als Immobilieninvestor hast du aber kein Nettogehalt. Selbst wenn du nachweislich ordentliche Mieteinnahmen generierst, wird dir eine Bank nur in den seltensten Fällen darauf eine Kreditlinie abstellen – und schon gar nicht in der Höhe, in der du das fantastische Potenzial deines Magic Tools ausreizen kannst. Worin dieses Potenzial besteht, darauf komme ich gleich noch.

Zunächst schauen wir, wie du deine Kreditlinie adäquat absicherst. Das tust du in der einfachsten Variante über eine Grundschuld. Ein Beispiel dazu ...

Liebe Bank, schau her ...

Du hast ein Objekt, bei dem du bereits freie Sicherheiten erwirtschaftet hast. Vielleicht hast du etwas getilgt, vielleicht finanzierst du um – jedenfalls sagt die Bank zu diesem Anlass: „Ja, das Objekt ist heute deutlich mehr wert." Oder du fragst aktiv nach: „Liebe Bank, schau her: Diese Wohnung ist doch auf Basis der Mieteinnahmen, die ich hier erreicht habe, deutlich mehr wert als vorher, nicht wahr?"

Kommt bei dieser Prüfung heraus, dass du aus Sicht der Bank beispielsweise 200.000 € freien Wert hast, wäre das der perfekte erste Ansatz zu sagen: „Liebe Bank, dann richte mir doch bitte eine Kontokorrentlinie über diese 200.000 € ein. Du darfst sie mit einer weiteren Grundschuld von 200.000 €

auf diesem Objekt absichern."

Das ist der perfekte erste Ansatz.

Das geht übrigens auch, wie in Kapitel 4.2 geschildert, hervorragend mit Sicherheiten, die Dritten gehören. Ich kenne zahllose Beispiele, bei denen der Investor das elterliche Eigenheim beleihen durfte oder auch, dass Dritte ohne oder mit Gegenleistung einen entsprechenden Wert dafür zur Verfügung gestellt haben.

Ob eigene oder fremde Sicherheit: So schaffst du die Basis für deine Kreditlinie – das ist prima. Diese schafft dir jedoch gleichzeitig verschiedene Herausforderungen.

Nichts ist umsonst

Erstens musst du natürlich die Grundschuld bestellen, und das kostet Geld. Zweitens hat der eingeräumte Kredit deutlich schlechtere Konditionen als eine langfristige Finanzierung. Sein Zinssatz liegt im Mittel 3 bis 5% über dem 3-Monats-Euribor – das heißt, er ist deutlich teurer als ein normaler Kredit.

Drittens hat diese Kreditlinie eine weitere Besonderheit: Anders als beim Dispositionskredit wird die Bank in der Regel zusätzlich darauf bestehen, dass du ihr entweder ein Einmalentgelt pro Jahr zahlst oder aber einen Zinssatz, meistens 0,5%, für nicht in Anspruch genommene Gelder entrichtest.

Ein Zinssatz für nicht in Anspruch genommene Gelder.

Das ist aus Sicht der Bank verständlich, denn schließlich kostet sie der Kreditvergabeprozess an sich Geld und sie muss die Summe mit einem gewissen Anteil Eigenkapital hinterlegen, und das alles, selbst wenn du den Kredit nicht in Anspruch nimmst und sie daher keine Kreditzinsen von dir bekommt.

Sprich: Bei einer Kreditlinie von 200.000 € zu 0,5% kostet dich die Nicht-Inanspruchnahme 1.000 € pro Jahr. Soweit die Kostenseite des Magic Tools. Aber was bringt es dir?

Ein wundervolles Back-up

Die Kurzfassung ist: Es bringt dir jede Menge Optionen.

In der Langfassung gehe ich hier mit dir diese einzelnen Optionen durch.

Stelle dir zunächst vor, es stehen, so wie bei mir damals, gleich mehrere Renovierungen an, oder es geht in einem Objekt unerwartet etwas Größeres kaputt, eine Heizung vielleicht.

Du hast dir im Vorfeld gut überlegt, ob du zwecks der Sicherheit die erforderlichen 20.000 € auf der Seite laufend parat halten willst. Aber du hast dich dafür entschieden, das Geld zumindest zeitweise für dich arbeiten zu lassen – denn genau dafür hast du dir deine Kreditlinie gesichert. Aus der kannst du den fälligen Betrag kurzfristig bezahlen, bis du andere Mittel freibekommst.

Hätte ich damals eine Kreditlinie gehabt, hätte ich die Wohnungen renovieren können, und durch die renovierte Vermietung hätte ich sofort einen Mehrertrag erzielt. Mit diesem hätte ich nicht nur die anfallenden Zinsen für die Kreditlinie, sondern auch den Betrag selbst zahlen können. Parallel hätte sich der Wert des Hauses wieder gesteigert.

> **Aus dem Mehrertrag hätte ich Zinsen und Kreditlinie zurückführen können.**

Dasselbe gilt für den Austausch einer Heizung: Möglicherweise kannst du über eine Modernisierungsumlage auf die Mieter das entsprechende Geld für Zins und Kredit zurückbekommen und auch hier parallel eine Wertsteigerung generieren.

Natürlich ist dieser Schlenker über die Kreditlinie nichts, was sich für eine Dauerlösung eignet, aber es ist eine Art von

Back-up. Es verschafft dir Sicherheit und die Flexibilität, dein Eigenkapital anderweitig zu nutzen. Dies ist im Grunde aber nur ein Nebenzweck deiner Kreditlinie. Zum echten Magic Tool kann sie in zwei anderen Einsatzbereichen werden.

Nehme ich!

Der erste Hauptzweck ist, dass du ungleich besser Einkäufe tätigen kannst.

Nimm noch einmal die 200.000-€-Kreditlinie von eben und stelle dir vor, du stehst in einer Wohnung, die 100.000 € kostet. Du findest alles vor wie erwartet und möchtest kaufen. Nun trittst du ganz entspannt vor den Makler und sagst im Brustton der Überzeugung: „Nehme ich und wir können den Notartermin sofort vereinbaren!"

Ich kenne keinen Makler, dessen Herz in diesem Moment nicht höherschlägt. Deshalb ist es ein unschätzbarer Vorteil, wenn du für den Kauf nicht noch vorab mit der Bank klären musst, ob und in welcher Höhe sie das Objekt finanzieren wird. Natürlich wirst du diese Dinge noch klären, aber die Frage, OB du das bezahlen kannst, stellt sich nicht: Du könntest den Kauf aus der Kreditlinie stemmen. Ob du sie einsetzt oder nicht, wirst du sehen. In aller Regel hast du deine Finanzierung geplant und verhandelt, bevor der Kaufpreis fällig wird, und du benötigst die Kreditlinie letztendlich gar nicht – so ist es mir zumindest schon zigfach ergangen. Das ist die eigentliche Magie an diesem Instrument: Du kannst vor Ort zusagen!

> **Die Magie daran: Du kannst vor Ort zusagen!**

Ich schreibe übrigens in die Angebote, die ich abgebe, immer so etwas hinein wie: „Eine Rücksprache mit Banken ist für meine Entscheidung nicht erforderlich." Das hat hier und da schon dazu geführt, dass ich das Objekt kaufen konnte – weil andere eben noch zur Bank mussten.

Es gibt noch einen zweiten Hauptzweck des Magic Tools Kreditlinie. Den mag ich fast noch lieber.

Ein ganz anderer Wert

Du kannst mithilfe deiner Kreditlinie sehr kurzfristig Potenziale heben.

Ein Beispiel: Du hast eine Wohnung für 100.000 € vor dir, von der du weißt, dass du die Miete um mindestens 20% steigern kannst. Im jetzigen Zustand ist die Wohnung aus Sicht der Bank nur 70.000 oder 80.000 € wert. Jetzt erinnere dich daran, was ich im Kapitel 4.2 zur Zielfinanzierung geschrieben habe: Dieses Konstrukt kannst du dir in diesem Fall selbst bauen, ohne den Umweg über die Bank.

> **Eine Zielfinanzierung ohne den Umweg über die Bank.**

Das heißt, du bezahlst die Wohnung erst einmal aus deiner Kreditlinie. Du löst die kleinen Herausforderungen, das heißt, du steigerst die Miete – vielleicht auch überproportional im Sinne eines Sofagesprächs (findest du im ersten Buch beschrieben) –, du kannst andere Aufwertungen durchführen oder neu vermieten. Auf jeden Fall schaffst du in kurzer Zeit einen ganz anderen Wert des Objekts. Und mit diesem ganz anderen Wert gehst du das erste Mal zur Bank.

Die Bank weiß noch gar nicht, dass du es gekauft hast, da du das Geld aus der Kreditlinie genommen hast. Damit gibst du der Bank die Möglichkeit, gar nicht auf den Kaufpreis zu schauen – warum auch. Die Bank darf und soll das Objekt bitte nach dem neuen Zustand und dem neuen Mietertrag bewerten.

Ich kann dir sagen, dass ich es sehr häufig geschafft habe, dadurch eine 110- oder 115-, manchmal auch 120- oder 125-%-Finanzierung zu bekommen – ganz ohne Diskussion mit den Banken, die ich zuvor hätte führen müssen.

Mit dieser neuen Finanzierung kannst du deine Kreditlinie entsprechend zurückführen.

Mein Tipp ist: Lass deine Kreditlinie atmen. Manchmal nimmst du einen tiefen Atemzug und atmest dann wieder kräftig aus, manchmal genügt ein flacher Atemzug. Aber du hast immer genug Luft zur Verfügung. Lass deine Kreditlinie atmen.

Das Schöne daran ist, dass du diese Luft stetig vermehren kannst.

Pack es auf die Linie!

Wenn du erst einmal eine solche Kreditlinie hast, kannst du sie immer und immer erweitern. Denn das nächste Mal, wenn du irgendwo freie Sicherheiten hast, kannst du zu deiner Bank sagen: „Packt es auf die Kreditlinie drauf."

Das funktioniert auch in einem Fall, den ich gerade geschildert habe: Die Wohnung, die du für 100.000 € gekauft hast, ist in einem schlimmen Zustand, völlig verwohnt und abgerockt. Und die Bank würde wahrscheinlich sagen: „Puh, 70.000 € maximal!"

Du aber investierst in das Objekt, machst es hübsch und vermietest es neu. Selbst die Bank meint nun: „Ja, die Wohnung ist 150.000 € wert, das finanzieren wir." Du brauchst davon allerdings nur 120.000 €, weil du gar nicht mehr ausgegeben hast. Deshalb antwortest du deiner Bank: „Prima, aber gebt mir nur 120.000 € und erhöht dafür meine Kreditlinie um 30.000 €."

Ich mache das seit vielen, vielen Jahren immer, wenn sich eine Gelegenheit dafür bietet. Ich mache nie eine Nachfinanzierung, sondern ich lasse stets meine Kreditlinie erhöhen. Das bringt mir unfassbar viel Flexibilität, die ich gerade bei meinen gewerblichen Investments ausgezeichnet nutzen kann: Bei denen setzen die Banken den Wert nämlich zunächst immer extrem gering an – manchmal nur 20 oder 25% des Kaufpreises –, weil dort verschiedene Herausforderungen bestehen.

> **Flexibilität kann gerade bei gewerblichen Investments ausgezeichnet genutzt werden.**

Ich schaffe es allerdings oft, diese Herausforderungen innerhalb von sechs Monaten zu lösen und zum Beispiel langfristige Mietverträge abzuschließen. Dadurch bekomme ich sogar teils eine 120- oder 130-%-Finanzierung – und dass der Zusatzpuffer wieder auf die Kreditlinie geht.

It's magic.

Erstaunen und Anerkennung

Darüber hinaus hat eine Kreditlinie angenehme Begleiterscheinungen. Eine davon ist fast unbezahlbar.

Es geht um den Moment, wenn du deinem Ansprechpartner in der Bank gegenübersitzt, um über die Finanzierung deiner nächsten Immobilie zu sprechen. Du hast die Wohnung schon gekauft und sie aus deiner Linie bezahlt.

Du stellst das Objekt vor und der Banker fragt dich freundlich: „Wie sieht das denn aus: Wann wird die Zahlung fällig?“ Und du antwortest lässig: „Bezahlt ist sie bereits. Es geht mir um eine Umfinanzierung.“

In diesem Moment wirst du einen Ausdruck des Erstaunens, aber auch der Anerkennung in den Augen des Ansprechpartners aufblitzen sehen. Und ich gönne dir dieses Gefühl gerade dann, wenn du dich in der Regel von Banken in die Rolle des Antragstellers gedrängt fühlst. Es steht auch praktischerweise auf jedem Formular, dass du der „Antragsteller“ bist. Aber du stellst hier keinen Antrag, sondern du bist derjenige, der der Bank ein gutes Geschäft anbietet.

Biete der Bank ein lohnendes Geschäft an.

Kleine Nebenbemerkung: Deshalb formuliere ich meine Schreiben an die Bank stets in dem Sinne: „Ich habe ein Angebot für Sie."

Du musst der Bank nicht unbedingt erklären, dass du die Wohnung mit Kreditlinie gekauft hast. Theoretisch kannst du ihr auch sagen, du hättest es aus Eigenkapital gekauft, was keine falsche Aussage wäre: Hättest du bei deinen anderen Objekten Nachfinanzierungen gemacht, stünde dir das Geld tatsächlich zur Verfügung.

Auf jeden Fall hebt dich diese Aussage in eine ganz andere Verhandlungsposition – und auch in ein ganz anderes Ansehen bei der Bank.

Eine weitere Begleiterscheinung nutze ich persönlich sehr gerne, auch wenn sie mehr emotional-moralischer Natur ist. Aber vielleicht kommt dir dieser Nutzen ebenfalls entgegen.

Die Zahl der Porsches in der Garage

Wenn ich selbst Hunderttausende oder Millionen Euro auf meinem Konto liegen habe, komme ich manchmal auf komische Ideen: Ich bin nicht sicher, ob ich dann nicht mehr als einen Porsche in der Garage stehen hätte.

Tatsächlich maßregele ich mich deshalb sehr gut selbst damit, dass ich meine Liquidität eigentlich stets im Minus sehe. Das heißt, wenn ich meine Liquidität einsetze, verschwindet nicht Guthaben von meinem Konto, sondern es erscheint ein Minus. Und die komischen Ideen entstehen erst gar nicht.

Nur der Vollständigkeit halber: Aktuell habe ich gar keinen Porsche. Ich fahre einen Mietwagen, der monatlich abgebucht wird. Das ist auch so ein grundsätzlicher Ansatz der Flexibilität, den ich liebe. Stattdessen habe ich große Freude daran zu wissen, dass ich diverse abbezahlte Immobilien besitze, deren Gegenwert ich nie irgendwo auf meinem Konto sehe. Was ich sehe, sind die hohen Kreditlinien und mit denen kann ich wirtschaftlich arbeiten.

Beschummele ich mich damit nicht selbst? Ja, schon. Ich könnte ja auch den Porsche von der Kreditlinie bezahlen. Tue ich aber nicht, und das ist gut so.

Soweit zu der Magie der Kreditlinie. Gibt es all diese Vorteile ganz ohne Risiko?

Nein, natürlich nicht.

Nachteile vs. Vorteile

Erstens kann die Bank dir theoretisch jederzeit deine Kreditlinie kündigen. Doch nur weil dein Banker morgens mit dem falschen Fuß aufgestanden ist, kann und wird er das nicht tun. Kürzungen der Linie könnten eher vorkommen – ist mir persönlich aber noch nie passiert und auch keinem anderen, den ich kenne.

Zweites Risiko: Die Kosten für deine Kreditlinie fallen an, auch wenn du nichts mit ihr tust. Du zahlst für die Flexibilität. Hast du diese Kosten nicht im Blick, kann der Schuss nach hinten losgehen.

Das war es aber auch schon mit den Nachteilen. Ich persönlich nehme diese Nachteile gerne in Kauf angesichts der Sicherheit und der Flexibilität, die mir diese Liquidität verschafft. Natürlich müssen sich die Objekte, die ich damit tatsächlich (zwischen-)finanziere, auch mit diesen Kosten rechnen – aber die Zahl der Objekte, die ich auf diese Art überhaupt erst kaufen kann, steigt dank dieses Tools in der Praxis enorm an.

> **Die Objekte müssen sich immer noch rechnen!**

Apropos Praxis: Immer werde ich gefragt, ob es Sinn ergibt, sich Kreditlinien bei verschiedenen Banken einzurichten.

Reicht eine Bank?

Generell bin ich ein Fan davon, den Großteil der eigenen Geschäfte mit nur einer oder zwei Banken zu machen. Da geht es um Vertrauen, da geht es aber auch um eingespielte Abläufe.

Zwei Gedanken jedoch dazu:

Spielst du in der 10X-Liga, wird der Punkt kommen, an dem die Bank sagt: „Das wird uns hier zu groß." Das ist meiner Erfahrung nach bei regionalen Volksbanken und Sparkassen ab zweistelligen Millionensummen der Fall. Solltest du diese Banken deshalb meiden? Nein, weil sie dir auf der anderen Seite große Vorteile bieten können. Stattdessen nimmst du einfach eine zweite Bank deines Vertrauens hinzu.

„Das wird uns hier zu groß."

Darüber hinaus schwebt über jeder Kreditlinie das theoretische Damoklesschwert der Kündigung. Auch aus diesem Grund habe ich Kreditlinien bei zwei verschiedenen Banken. Beide haben sehr ähnliche Konditionen, es geht daher nicht um einen Wettbewerb zwischen beiden. Allerdings kommt es manchmal vor, dass sie ein und dasselbe Objekt unterschiedlich bewerten. Dann nehme ich natürlich idealerweise die, die mir mehr gibt dafür, um meine Kreditlinie zu erweitern. Aber tatsächlich geht es mir um die Risikodiversifikation.

Einen Spezialtipp habe ich darüber hinaus noch für dich, weil mir immer wieder Coachees berichten, dass ihre Bank sagt: „Kreditlinie? Machen wir generell nicht."

Machen wir doch!

Einige wenige Banken machen es tatsächlich nicht. Bei anderen aber lohnt sich ein Nachbohren.

Meine Empfehlung ist: Gehe zu einer Volksbank. Denn alle Volksbanken gehören bekanntlich zum genossenschaftlichen

Bankensektor, zu der unter anderem auch die DZ-Bank gehört.

Diese DZ-Bank ist ein genossenschaftliches Institut, auf deren Produkte alle Volksbanken Zugriff haben – darunter auch genau das Produkt, das du haben möchtest: die grundpfandrechtlich abgesicherte Kreditlinie. Dieses Produkt nennt sich „LuxCredit".

Volksbanken haben das Produkt, das du haben möchtest.

Wenn also der Volksbanker deines Vertrauens sagt: „Nein, so etwas machen wir nicht", kannst du antworten: „Ich habe vollstes Verständnis dafür, dass Sie das in Ihrem Haus nicht selber anbieten. Vermitteln Sie mir einfach das Produkt Ihrer genossenschaftlichen Partnerbank DZ-Bank namens LuxCredit."

Zu 99,9% werden dann die Augen des Beraters groß und er murmelt: „Kenne ich nicht, muss ich mich informieren." Und zu 100% – laut meinen Coachees – kommt danach die Rückmeldung der Bank: „Wir haben es uns überlegt: Wir machen das doch selber."

Um das nochmal klarzustellen: Eine Kreditlinie ist kein Spezialservice der Banken für Immobilieninvestoren. Es ist ein vollkommen normales Bankprodukt, das jeder kreditwürdige Gewerbebetreibende bei seiner Bank hat und nutzt – meist sogar ohne Grundschulden zur Verfügung stellen zu müssen, rein auf der Basis des Geschäftsverlaufs. Nur auf die Idee, dass das Produkt auch für Immobilieninvestoren interessant ist, kommt nicht jeder.

Money unlimited

Was du in diesem Kapitel gelesen hast, bestätigt noch einmal die Aussage, mit der ich dich zu Beginn von Kapitel 4 möglicherweise überrascht habe: Die Ressource Geld steht quasi unlimitiert zur Verfügung. Alles, was du brauchst, um sie zu nutzen, ist die richtige Vorbereitung.

Setzt du diese Ressource darüber hinaus auch noch clever ein, kannst du damit im Rahmen einer Immobilieninvestition deine Rendite sogar noch boostern. Eine spannende Option dafür stelle ich dir im nächsten Kapitel vor.

Deine Schritt-für-Schritt-Anleitung für deine 10X-Liquidität

1. Wenn du eigene freie oder von Dritten gestellte Sicherheiten hast, frage bei deiner Bank nach, ob sie dir eine Kreditlinie in der entsprechenden Höhe einrichtet.
2. Nutze diese finanzielle Flexibilität, um kurzfristige Chancen zu nutzen wie Renovierungen zur Wertsteigerung, gesicherte Kaufzusagen beim Besichtigungstermin oder Zielfinanzierungen, die du zunächst ohne die Bank realisierst.
3. Achte darauf, die Kreditlinie relativ schnell wieder zurückzuführen – lasse sie atmen.
4. Erhöhe deine Kreditlinie immer wieder, sobald du Sicherheiten freibekommst, zum Beispiel in Form von Nachfinanzierungen.

So hebelst du deine Rendite

Ich habe es in einem Kapitel weiter vorne erwähnt: Es geht in diesem Buch um Investition, nicht um Spekulation. Wo die Spekulation anfängt und die Investition aufhört, ist allerdings eine Frage der persönlichen Abwägung. Diese persönliche Abwägung ist für den Hebel, den ich dir hier vorstelle, besonders wichtig. Deshalb werde ich weiter unten auch darauf eingehen, für wen er sich eignet und für wen nicht.

Aber lies ruhig zunächst einmal, wie dieser Hebel funktioniert – er kann aus meiner Sicht nämlich ein ähnlich magisches Tool sein wie die Kreditlinie.

Zinsen, Tilgung, basta

Die klassische Konstellation beim Immobilieninvestment ist, dass du einen Kredit aufnimmst und diesen anschließend mit Zins und Tilgung – zusammen die sogenannte Annuität – an die Bank zurückzahlst. Diese Annuität kann zum Beispiel 6% betragen, bestehend aus 4% Zins und 2% Tilgung.

Die Rendite auf dein Eigenkapital berechnet sich in dieser Variante aus der Tilgung und dem Zins, den du dir ab dem zweiten Monat ersparst. Ersparter Zins? Ja, denn ab da hast du bereits nicht mehr deine volle Kreditsumme, weil du ein wenig davon bereits getilgt hast. Darauf beruht übrigens auch das sogenannte „Zinsparadox“: je höher der Zinssatz ist, desto schneller bist du mit dem Kredit fertig – aber das erkläre ich dir ein anderes Mal.

An dieser Stelle ist nur wichtig: Beim Annuitätenkredit hast du nur diesen Effekt auf die Rendite deines Eigenkapitals, sonst nichts.

> **Du hast nur den ersparten Zins als Effekt auf deine Eigenkapitalrendite.**

Natürlich bildest du Vermögen in der Immobilie und hast in dieser auch eine gewisse Wertentwicklung. Die lasse ich aber erst einmal außen vor, denn die hast du immer, ob du den Kredit zurückzahlst oder nicht.

Eine ausgezeichnete Alternative zu dieser klassischen Konstellation ist das „endfällige Darlehen".

Zinsen, Tilgung, Ersatzprodukt

Bei einem endfälligen Darlehen zahlst du über den vereinbarten Zeitraum hinweg nur den festgelegten Zinssatz. Tilgung dagegen zahlst du keine. Und die Bank macht das in der Regel mit. Warum?

Theoretisch denkbar wäre, dass die Bank sagt: „Ach, Ihr Objekt ist so viel wert – Sie brauchen nicht zu tilgen." Die Wahrscheinlichkeit dafür ist sehr gering.

Deutlich wahrscheinlicher ist es, dass die Bank „Ja" sagt, wenn du ihr folgenden Vorschlag machst: „Statt den Kredit zu tilgen, tilge ich in ein Tilgungsersatzprodukt."

Von diesen Tilgungsersatzprodukten gibt es eine ganze Reihe.

Das Produkt, das dir die Bank am liebsten dafür anbietet, ist der Bausparvertrag. Doch der eignet sich für Investoren in der Regel nicht: Unter anderem verlangt ihm die Annuität des Bauspardarlehens bei Zuteilung ein viel zu großes Liquiditätsopfer ab. Darüber ist der Zeitpunkt der Zuteilung eines Bauspardarlehens leider nicht garantiert.

> **Ein Bauspardarlehen verlangt dem Investor ein viel zu großes Liquiditätsopfer ab.**

Eine weitere Option ist die Lebensversicherung. Das war vor vielen Jahren das Nummer eins Produkt, weil du deine Einzahlung plus Verzinsung am Ende steuerfrei herausbekommen hast. Allerdings hat sich inzwischen herumgesprochen, dass praktisch nie die Beträge herauskommen, die vorher von der Rendite her versprochen wurden. Deshalb scheidet die Lebensversicherung heute im Grunde auch aus, auch weil diverse Steuervorteile so nicht mehr bestehen.

Bleibt die dritte Option: Du kümmerst dich selbst darum, wohinein du sparst. Und meine erste Wahl dabei sind ETF.

Tilgung, Depot, Sicherheit

ETF sind ungemanagte Aktienfonds. Du kannst auch gemanagte nehmen, wenn dir das lieber ist. Das Prinzip ist dasselbe: Du bewegst dich im Bereich von Aktien und -fonds.

Um diese als Tilgungsersatzprodukt zu nutzen, funktioniert das so: Du eröffnest ein Depot bei der kreditgebenden oder bei einer anderen Bank. Du sparst dort die monatliche Summe hinein, die du normalerweise als Tilgung an die kreditvergebende Bank zahlen würdest, und trittst dieses Depot der Bank als zusätzliche Sicherheit ab.

Damit hat die Bank zumindest in ihrer Sicherheitendarstellung eine Art von Tilgung. In dem Fall läuft das sogar zugunsten der Bank, denn aus Bankensicht sind Aktiendepots leider nicht genauso viel wert wie andere Sicherheiten. Sie setzen den Wert in der Regel nur mit 60% an, und falls du in deinem Depot Nischen- oder Emerging-Markets-Aktien vorhältst, vielleicht noch weniger.

> **Mit einem ETF-Depot hat die Bank in ihrer Sicherheitendarstellung eine Art von Tilgung.**

Das spielt aber keine große Rolle, da die Bank nur am Anfang einmal die Bewertung des Ganzen macht und du zumindest nicht mehr Kredit bekommst. Im Gegenteil: Du entwickelst die Immobilie und baust jetzt einen Zusatzwert auf.

Aber zurück zu der Frage, die ich zu Beginn des Kapitels gestellt habe, und die ist sehr wichtig: Für wen ist diese Vorgehensweise geeignet?

Nur für Überzeugungstäter

Dieses grandiose Tool ist ausschließlich für diejenigen geeignet, die folgende beide Punkte voller Überzeugung unterschreiben können:

- Ich habe bei Aktien und Aktienfonds ein grundsätzlich positives Gefühl.
- Ich bin der Meinung, dass die Rendite eines Aktienfonds langfristig höher ist als der Zinssatz, den ich bei einem Kredit bezahle.

Tatsache ist, dass sehr viele Aktien und Aktienfonds – über den sehr langen Zeitraum von zehn Jahren plus – im Schnitt 7 bis 8% Rendite schaffen. Wenn dein aktueller Zinssatz 4% beträgt, dann ist das ein extrem gutes Geschäft, nicht wahr? Parallel machst du die kompletten Zinsen steuerlich geltend.

Dann ist das ein extrem gutes Geschäft.

Darüber hinaus ist das Geld, mit dem du normalerweise den Kredit tilgst, ja weg. Du hast dann nur den ersparten Zinssatz. Steckst du die Tilgung dagegen in einen Aktienfonds, arbeitet er langfristig.

Aber – und ich möchte das noch einmal betonen – du musst dich mit dem Grundgedanken wohlfühlen und die Erwartung haben, dass die Rendite in deinem Aktienfond höher sein wird als das, was du an Zinsen bezahlst.

Gerade in den ersten Jahren der Tilgungsumleitung kann es durchaus passieren, dass du in eine ungünstige Phase gerätst und dein Depot zeitweise zum Beispiel nur noch 80% dessen wert ist, was du eingezahlt hast. Einen Aktienfonds muss man daher immer langfristig betrachten und nicht kurzfristige Vergleiche ziehen.

Ich empfehle deshalb, auf solche kurzfristigen Entwicklungen gar nicht zu schauen. Oder, wenn du eine bessere Idee hast, den Aktienfonds zu wechseln, den alten stehen zu lassen und in einen neuen im gleichen Depot zu sparen. Wichtig ist nur, dass du weiterhin den Betrag dorthinein gibst.

Was dieser Renditebooster für unfassbare Folgen haben kann, will ich dir an einem Beispiel aus meinem eigenen Portfolio erzählen.

Wenn Tilgung wirtschaften darf

Ich nutze dieses Tool eines Tilgungsersatz-Produktes ETF bereits sehr lange. Alle meine Wohnungen in Düsseldorf habe ich damals auf diese Weise finanziert. Und das, obwohl ich damals 3% Tilgung hatte – leider hatte mir das keiner besser erklärt – und diese Summe auch noch in Fonds mit Ausgabeaufschlag investiert, weil es noch keine ETF gab.

Inzwischen kann ich auf viele abgeschlossene Zehnjahreszeiträume zurückblicken. Zwar läuft in der Regel nach zehn Jahren die Zinsbindung aus, und – in der Theorie der Bank – hätte ich jeweils das Depot eingesetzt, um den Kredit ganz oder teilweise zu tilgen. In der Praxis verlangt die Bank das aber nicht.

> **In der Theorie der Bank wird das Depot eingesetzt, um den Kredit zu tilgen.**

Ich kann mir daher überlegen: Will ich das Objekt behalten in der steuerlichen Identität, in der ich es habe, und den Kredit für weitere fünf bis zehn Jahre festschreiben? Dann vereinbare ich einen neuen Zinssatz und lasse das andere Verfahren einfach weiterlaufen. Möglicherweise würde mir die Bank aufgrund des gestiegenen Wertes der Wohnung aber auch mein Depot freigeben und sagen: „Wir fangen wieder bei null an mit einem neuen Depot."

Ich jedoch habe meist diese Objekte nach zehn Jahren steuerfrei und aus dem Privatvermögen verkauft. Was war der Effekt?

Mini-Disclaimer: Was jetzt folgt, spiegelt die Entwicklung der letzten Jahrzehnte wider. Der Markt lief sowohl für Immobilien als auch für Aktien sensationell. Hatte ich das so erwartet? Nein. Alles, was ich hatte, war eine positive Grundannahme, und diese wurde weit übertroffen. Muss das auch in Zukunft so laufen? Nein. Kann es so laufen? Ja, warum nicht?

Kann es auch in Zukunft so laufen? Ja, warum nicht?

Meine Realität jedenfalls sah bei einigen Objekten so aus, dass der damalige Einkaufspreis sich beim Verkauf verdrei- oder vervierfacht hatte. Ich konnte – nur als Beispiel – eine Wohnung, für die ich 100.000 € bezahlt hatte, für 350.000 € verkaufen. Daraus bezahlte ich das ungetilgte 100.000-€-Darlehen, hatte darüber hinaus eine Menge Geld auf dem Konto PLUS einen Depotwert, der schon nahezu dem damaligen Kaufpreis der Wohnung entsprach. Das heißt, aus meinen 3% Tilgung hatte ich eine ganze Wohnung erwirtschaftet.

Solche Depots habe ich dann natürlich auch wieder für meine Kreditlinien abgetreten. Die 0,5% Bereitstellungsgebühren verdient das Depot leicht – und falls ich die Kreditlinie in Anspruch nehme, tue ich das in der Erwartung, dass ich dort mehr verdiene, als es kostet. Deshalb verkaufe ich das Depot nicht, um es als Eigenkapital einzusetzen, sondern es darf sich wunderschön weiterentwickeln. Wenn das mal kein Booster-Effekt ist!

Wenn das mal kein Booster-Effekt ist!

Und einen schicken Zusatznutzen bringt dir ein solches Depot auch noch.

Was Banken lieben

Durch diese Strategie kann deine Bonitätseinstufung bei der Bank steigen – obwohl die Bank, wie gesagt, den Wert deines Depots nur mit 60% ansetzt. Aber: Die Bank liebt diversifzierte Vermögen.

Solange du „nur“ ein Steinesammler bist, bleibt sie tendenziell misstrauisch und du kannst fast nie in die top Bonitäts-Rankings aufsteigen. Sieht die Bank aber, dass du dir als Investor über die Jahre einen relevanten Aktienanteil zulegst, honoriert sie das immer. Selbst wenn der Anteil nur 10% deines Vermögens ausmacht, gilt das bereits als Diversifizierung und kann im internen Ranking der Bank zu einer Anhebung deiner Bonität führen.

Der guten Ordnung halber möchte ich noch hinzufügen, dass es neben Aktien noch viele weitere Möglichkeiten gibt, dieses faszinierende Tool einzusetzen. Und je nach persönlicher Einschätzung können andere Anlageformen attraktiver sein, wie zum Beispiel Bitcoin.

Horror oder Kinderfasching?

Falls du die Erwartung hast, dass sich der Wert von Bitcoins in absehbarer Zeit verhundertfachen wird, kann diese Variante für dich die richtige sein. Ich bin zwar skeptisch, ob die Bank diesen Wert akzeptiert, aber du kannst es versuchen.

Diese Variante demonstriert noch einmal eindrücklich, dass dieses Tool ausschließlich für diejenigen geeignet ist, die sich mit ihrer gewählten Option wohlfühlen und die Erwartung auf eine ausreichende Wertsteigerung haben. Das sind bei ETF wahrscheinlich viele Investoren, aber selbst bei diesen fallen nach unten und oben einige raus: Nach unten diejenigen, für die Aktien bereits zu spekulativ sind. Nach oben diejenigen, für die Aktien und 8-9 % Gewinnerwartung nicht lukrativ genug sind. Es kommt nur auf deine Einstellung an.

Wichtig ist mir nur, dir das System zu verdeutlichen: Du entkoppelst deinen Kredit von der Tilgung und setzt diese zu interessanteren Zwecken ein. Damit hebelst du deine Rendite nicht nur im Immobilienprojekt, sondern auf zusätzliche Weise.

**Das Prinzip:
Du entkoppelst deinen Kredit von der Tilgung.**

In Kapitel 4.6, also dem 10X-Kapitel zur Finanzierung, werde ich dir zeigen, dass du unter anderem mit dem Einsatz dieses Tools deine Eigenkapitalrendite theoretisch sogar Richtung unendlich bringen kannst ...

Christian sitzt an seinem Schreibtisch zu Hause und ackert sich durch die letzten Unterlagen für morgen.

Plötzlich schlingen sich zwei Arme von hinten um seinen Hals, und eine verführerische Stimme schnurrt ihm ins Ohr: „Oh, du mein Herr und Zahlenmeister! Hättest du einen Augenblick Zeit, mir zu helfen?"

Er lacht und streichelt über Julias Arme: „Natürlich, mein Schatz! Was ist das Problem?"

Sie richtete sich lächelnd auf, schwingt sich auf seinen Schoß und hält ihm ein Papier mit Zahlen unter die Nase.

„Das ist die Kalkulation für dieses spannende Objekt, von dem ich dir erzählt habe", sagt sie. „Du weißt schon: Das, bei dem wir voraussichtlich ganz ohne Eigenkapital auskommen werden. Ich finde die Renditerechnung unfassbar schwierig – aber für dich als Unternehmensberater sind solche Zahlenspiele doch dein täglich Brot."

Da schwingt etwas in Julias Unterton mit, was Christian nicht recht zu deuten weiß, aber ihr Augenaufschlag ist sehr überzeugend. Also nimmt er das Blatt und beginnt zu rechnen.

Kurz darauf stutzt er. Und rechnet erneut.

„Julia", sagt er schließlich konsterniert, „das kann ich nicht rechnen. Wenn wir selbst gar kein Eigenkapital einsetzen, dann geht unsere Eigenkapitalrendite theoretisch gegen unendlich."

Sie lacht laut auf und drückt ihm einen Kuss auf den Mund: „Großartig, nicht? So ist es tatsächlich möglich, mit null Euro Eigenkapital ein Vermögen aufzubauen."

„Und da bist du ganz allein drauf gekommen? Ich glaube, du solltest meinen Job übernehmen", Christian ist immer noch verblüfft.

„Nicht ganz", antwortet Julia, spitzbübisch grinsend. „Ich hatte ein äußerst aufschlussreiches Gespräch mit unserem Banker. Er hat ein wenig aus dem Nähkästchen geplaudert ..."

„Freiwillig? Das ist doch sicher nicht unbedingt im Sinne der Bank, dass wir das wissen. Wie hast du denn das geschafft?", fragt er erstaunt.

Julia klappert mit den Augendeckeln und erwidert unschuldig: „Och, ich glaube, er hat sich einfach gefreut, dass er einer jungen, hübschen Frau, die so gar keine Ahnung von Finanzierungen hat, zeigen konnte, was er für tolle Sachen weiß ..."

Deine Schritt-für-Schritt-Anleitung für deine 10X-Rendite

1. Ermittle für dich, ob du dich mit Aktien oder einer der anderen Optionen als Tilgungsersatzprodukt grundsätzlich wohlfühlst.
2. Überlege, ob du glaubst, dass deren Rendite langfristig höher ist als der Zinssatz, den du bei deinem Kredit bezahlst.
3. Wenn du zweimal zustimmst: Schlage der Bank ein endfälliges Darlehen vor, bei dem die Tilgung in dein Wunschersatzprodukt läuft.
4. Entscheide dich nach Ende der Laufzeit, wie du den erreichten Depotwert am sinnvollsten nutzen kannst, zum Beispiel für die Erhöhung deiner Kreditlinie.

So löst du dich aus der Abhängigkeit von Banken

Banken sind bei der Ressource Geld wichtige Partner für jeden Investor. Aber sie sind nicht die einzig möglichen Partner. Ich stelle dir in diesem Teil einige alternative Varianten vor.

Diese Optionen können extrem attraktiv sein, deshalb lohnt es sich, dass du dich auch mit ihnen vertraut machst. Um sie zu verstehen, lass uns zunächst nüchtern betrachten, was eine Bank eigentlich tut.

Warum eine Bank?

Die Funktion einer Bank im Kreditwesen ist schnell erklärt: Sie stellt Geld zur Verfügung und bekommt dafür Zinsen. Mehr ist es nicht. Sie bietet weder einen tollen Service noch Zusatzoptionen.

Gut, sie bietet eine gewisse Sicherheit, dass der Vertrag, den du mit ihr abschließt, auch eingehalten wird. Und sie verfügt in erheblichem Maße über die Ressource Geld – auch weil sie den wesentlichen Vorteil hat, dass sie Geld aus dem Nichts zaubern kann.

> **Banken können Geld aus dem Nichts zaubern.**

Diese sogenannte Geldschöpfung beeindruckt mich immer wieder, und viele kennen sie gar nicht. Die beruht darauf, dass die Bank berechtigt ist, mit einer Mindestkapitalrücklage von 1% einen Kredit von 100.000 € zu erschaffen. Das Geld gab es vorher nicht. Und sobald es wieder zurückgezahlt wird, verschwindet es auch wieder.

Das eigentlich Faszinierende daran aber ist, dass das, was jemand damit kauft, nicht verschwindet. Das bedeutet, am Ende des Tages ist es tatsächlich eine Vermögensschaffung aus dem Nichts. Und die Bank verdient Zinsen auf Geld, was sie gar nicht hat. Schick, nicht wahr? Das heißt jedoch nicht, dass du die Ressource Geld nur bei der Bank findest.

Warum nicht direkt?

Um sie zu finden, musst du deinen Blick von der Bank wegnehmen, denn in so einem Geldinstitut verkehren nicht nur Leute, die Kredite aufnehmen. Dort gibt es auch Menschen, die ihr Geld in die Bank tragen – und zwar jede Menge davon.

So gibt es auf der einen Seite Menschen, die ihr Geld anlegen wollen. Und auf der anderen Seite die Bank, die Geld verleiht. Das heißt, dass am Ende des Tages die Bank – ganz abstrakt gesehen – nur Mittelsmann ist. Deshalb liegt für dich als Immobilieninvestor auf der Suche nach der Ressource Geld der Gedanke nahe, sich direkt an die zu wenden, die diese Ressource besitzen.

Und vielleicht möchten diese Ressourceninhaber ihr Geld lieber dir als Darlehen statt der Bank geben. Sie bekommen dann plötzlich für ihre 100.000 € Einlage nicht nur die 0,5% Zinsen, die sie auf dem Sparbuch bekäme oder die 2 oder 3% eines Festgeldkontos, sondern vielleicht 4% oder mehr von dir. Das kann für sie attraktiv sein und für dich ebenso.

> **Das kann für die Ressourceninhaber und für dich attraktiv sein.**

Es gibt allerdings einen großen Unterschied: Eine verleihende Privatperson ist nicht in der Lage, die Rahmenbedingungen für einen Kredit so zu prüfen, wie es eine Bank kann. Das bedeutet, dass zwischen dem Darlehensgeber und dem Darlehensnehmer ein Vertrauensverhältnis bestehen muss, damit das Geschäft zustande kommt.

In der Realität aber gibt es unfassbar viele Investoren, die bereit sind, sich auf eine solche Weise an Deals anderer zu beteiligen. Und oft geht es auch gar nicht darum, das gesamte Geld für den Deal zur Verfügung zu stellen.

Das Gebermodell

Ich nehme das Beispiel aus einem der vorherigen Kapitel auf: Die Wohnung, die du kaufen möchtest, kostet 120.000 €. 100.000 € gibt dir die Bank. Das heißt, dass du inklusive Nebenkosten 35.000 € Eigenkapital brauchst. Einen richtig guten Plan, wie du diese 35.000 € in ein oder zwei Jahren zurückbekommst, hast du bereits. Was du nicht hast, ist eine entsprechende Kreditlinie oder die 35.000 € auf dem Konto.

Wenn du nun jemanden findest, der dir diese 35.000 € als Kredit oder als Bürgschaft zur Verfügung stellt, weil dein Plan ihn überzeugt: perfekt! Ob sich derjenige mit 3 oder 4% zufriedengibt, ist ungewiss, aber deine Kreditlinie würde dich mehr kosten. Und mein Wahlspruch gilt hier wie für alle Optionen: Nur wenn es sich rechnet, rechnet es sich.

Aber vom Grundsatz her ist das die kleinstmögliche Einstiegsvariante: Das Delta, das du brauchst, um den Deal zu machen, wird von jemand anderem als der Bank gedeckt.

> **Die kleinstmögliche Einstiegsvariante: das Delta ohne die Bank decken.**

Das nächstgrößere Modell wäre dann, dass du zunächst gar keinen Kredit von der Bank einsetzt, sondern die gesamte Summe von einem solchen Geldgeber erhältst. In dem Beispiel bekämst du von ihm die gesamten 135.000 € – und er ist happy, dass er sie dir für ein oder zwei Jahre leihen kann und deutlich mehr Zinsen als bei der Bank bekommt.

Darüber hinaus gibt es eine weitere, ausgesprochen interessante Gruppe von Geldgebern: deine Investorenkollegen.

Viele professionelle Investoren tun das. Ich übrigens auch und zwar in erheblichem Umfang. Das heißt, ich leihe Investoren Geld für ihre Deals. Allerdings nicht zu 3, 4 oder 5% pro Jahr, sondern für deutlich mehr, denn es handelt sich um Hochrisikodarlehen, die meist nur für sehr kurze Zeit in Anspruch genommen werden. Das rechnet sich für die Darlehensnehmer, denn nur so können sie den Deal überhaupt machen. Und das rechnet sich für mich, weil ich sehr interessante Zinserträge erwirtschafte und dadurch, dass ich parallel mehrere solcher Darlehen stelle, eine gewisse Risikostreuung erreiche.

> **So können sie den Deal überhaupt erst machen.**

In all diesen Varianten ersetzt du also einfach die Bank als Ressourcengeber durch einen anderen Ressourcengeber, doch es bleibt bei dem Geld-gegen-Zinsen-Modell. Aber du kannst auch einen Schritt weiter gehen: Du kannst mit deinem Gegenüber eine noch deutlich engere Verbindung eingehen.

Das Hochzeitsmodell

Finden sich zwei Investoren, um gemeinsam ein Immobilienportfolio aufzubauen, spreche ich scherzhaft von einer Hochzeit. So weit hergeholt ist der Begriff gar nicht, wie ich dir gleich noch erläutern werde. Zunächst aber schauen wir uns an, was eine ideale Konstellation für eine solche Hochzeit ist.

Optimalerweise ergänzen sich die beiden Partner: Während der eine mehr Zeit als Geld hat, ist es bei dem anderen umgekehrt. Ein wundervolles Beispiel dafür sind die Gründer der Investoren-Bildungseinrichtung immocation, Marco und Stefan. Sie selbst investieren ihre Ressource Zeit lieber in den erfolgreichen Ausbau ihres Unternehmens immocation und möchten parallel dennoch ihren Immobilienbestand aufbauen. Deshalb suchen sie sich entsprechend Co-Investoren, die dieses zeitliche Engagement einbringen können und wollen, während sie selbst die Ressourceninhaber des Geldes sind.

> **Optimalerweise ergänzen sich die beiden Partner.**

Die Co-Investoren sollten sich darüber hinaus in einer anderen Hinsicht ergänzen: Die besten Investorenpartnerschaften sind die, bei denen die beteiligten Persönlichkeiten völlig unterschiedlich sind. Das ist allerdings nicht die Regel: Ich weiß aus vielen Teilnehmergesprächen, dass sich zunächst eher gleichartige Menschen zusammenfinden, weil sie sich gut miteinander verstehen. Das ist leider oft ineffizient, weil sie ähnliche Stärken, aber auch ähnliche Schwächen haben. Wenn beide zum Beispiel grandios sind in der Akquise und den Mietergesprächen – wer kümmert sich dann um die Hausverwaltung, die Buchhaltung und diesen ganzen Kram? Oder wenn beide superstark hinter dem Bildschirm sind – wer geht denn dann raus und führt die Gespräche mit dem Makler, mit den Verkäufern und Käufern? Idealerweise verfügen die beiden daher über asynchrone Fähigkeiten.

Hast du einen solchen Partner gefunden, gilt es, eure „gemeinsame Zukunft" zu organisieren.

Die Hochzeitsvorbereitung

Meine Empfehlung für diese Organisation ist, eine Firma zu gründen mit den Anteilsverhältnissen 50% Geldgeber – 50% Zeitgeber. So kommt es gar nicht erst zu Ungleichgewichten. Beide habt ihr die gleichen Anteile, beide profitiert ihr gleichermaßen und bringt gleichermaßen Ressourcen ein.

Wir bei immocation haben ein sehr, sehr langes Worksheet entwickelt, das alle Aufgaben aufführt, die bei einem Investment anfallen. Du und dein Co-Investor solltet euch anhand einer solchen Liste von vornherein sehr klar darauf verständigen, wer was macht. Setzt euch zusammen und sagt: „Das ist unser „MOU" – unser ‚Memorandum of Understanding' – zum Thema ‚Wer macht hier was'."

„Das ist unser MOU!"

Das wird sich im Laufe der Zeit vielleicht ein bisschen verschieben, aber grundsätzlich habt ihr diese Einigung, wie ihr im Rahmen eures Co-Investments zusammenarbeitet.

Klassischerweise könnte das so aussehen: Ihr kauft zum Beispiel ein Mehrfamilienhaus für 1,2 Millionen Euro plus Nebenkosten von 150.000 €. Die Bank sagt, dass es aus ihrer Sicht eine Million Euro wert ist. Die Differenz von 350.000 € müsste der für die Ressource Geld zuständige Co-Investor erst einmal überbrücken, bevor eine andere Strategie greift.

Oder die Bank sagt von vornherein: „Okay, wir geben 1,2 Millionen Euro" Das ist durchaus wahrscheinlich, denn es geht nicht nur um ein größeres Objekt, sondern die Bank hat nun mehr Kreditnehmer, die mithaften. Und wenn der Geld-Ressourcen-Inhaber in diesem Duo auch noch über eine gute Bonität verfügt, tut die Bank das sogar gern. Bleiben also nur die 150.000 € Nebenkosten, die der Co-Investor an Eigenkapital in Form eines Darlehens einbringt. Vielleicht ist dessen Bonität auch so ausgezeichnet, dass die Bank gewillt ist, eine 100-%-Finanzierung anzubieten – auch das ist möglich.

Jedenfalls können die beiden Investoren auf diese Weise gemeinsam wachsen. Bei einer solchen „Hochzeit" solltet ihr allerdings eines bedenken.

Der Ehevertrag

Die beteiligten Personen – denn es können auch mehr als zwei sein – verpflichten sich damit, für eine sehr lange Zeit miteinander zu arbeiten. Idealerweise sogar für immer. Euer MOU vom Anfang ist deshalb ein bisschen wie ein Ehevertrag: Ihr regelt darin am besten nicht nur die Dinge, die während eurer Zusammenarbeit gut laufen sollten, sondern auch, was im Falle einer Trennung passieren könnte.

Mit so einem Papier macht ihr euch klar: Dies ist etwas Verbindliches, was über die romantische Phase hinaus halten soll. Und alle Seiten sollten sich selbst hinterfragen, ob sie sich vorstellen können, mit dem oder den anderen auch sehr lange Zeit zusammenzuarbeiten.

Allen muss klar sein, dass dies etwas Verbindliches ist!

Aber es muss ja nicht immer gleich eine Ehe sein. Für manche bietet sich eher ein „Tindermodell" an. In diesem Fall findest du nur kurzfristig mit einem Co-Investor zusammen.

Wie kann das aussehen?

Das Tindermodell

Bleiben wir bei dem Mehrfamilienhausprojekt für 1,2 Millionen Euro plus 150.000 € Nebenkosten. Dein Plan ist aber nicht, das Objekt zu halten, sondern es zu entwickeln, in Wohnungen aufzuteilen und diese zu verkaufen.

Die Bank will dir allein nur eine Million Euro geben, du selbst verfügst nicht über die restlichen 350.000 €. Also brauchst du einen Investor, der dir diese leiht. Ein Profiinvestor möchte dafür in der Regel nicht nur ein paar wenige Zinsen haben, denn für ihn ist es ein Hochrisikogeschäft: Die Bank steht mit ihrer Million im Grundbuch im ersten Rang, der Investor schaut im Zweifelsfall in die Röhre. Das heißt, seine Verzinsung liegt bei bis zu 5% – pro Monat!

Das bringt dich als Darlehensnehmer in einen Zielkonflikt, denn mit dieser hohen Risikoprämie rechnet sich das ganze Projekt wahrscheinlich nicht. Aber es gibt eine Lösung, die, wie so oft, in der Mitte liegt: Der Investor wird am Gewinn beteiligt.

Der Investor wird am Gewinn beteiligt.

Der Darlehensgeber bekommt einen üblichen Zinssatz als Basisverzinsung und darüber hinaus eine Gewinnbeteiligung an dem Projekt. Diese kann beliebig vereinbart werden, von null bis etwa 50%. Für das Beispiel heißt das: Ihr habt gemeinsam dieses Mehrfamilienhaus angekauft für 1,35 Millionen Euro. Du teilst das Haus, wie geplant, in zehn wunderschöne

Wohnungen auf und kannst jede für 200.000 € verkaufen. Das hat zwar ein Jahr gedauert, aber es sind zwei Millionen Euro als Verkaufserlös zurückgekommen.

Davon hat die Bank sukzessive ihre eine Million Euro wieder erhalten, so wie dein geldgebender Co-Investor seine 350.000 € bekommen hat. Übrig bleibt eine wunderschöne Summe von 650.000 €. Und die wird jetzt so verteilt, wie ihr es vereinbart habt.

Bekommt der Darlehensgeber beispielsweise 20% Gewinnbeteiligung, beträgt sein Anteil 130.000 €. Er hat also zum einen auf die 350.000 €, die er eingesetzt hat, eine laufende Verzinsung gehabt, sagen wir: 6% pro Jahr. Er freut sich also am Ende über eine sehr gute Verzinsung von 21.000 € plus 130.000 € obendrauf. Innerhalb eines Jahres.

In der Summe zurückgerechnet kommt dieser Co-Investor also auf eine Verzinsung von 43%.

Ich kann dir versichern, dass das ein absolut realistisches Szenario ist, wie ich es schon häufiger selbst erlebt habe. Läuft das immer so? Nein. Kann das schlechter ausgehen? Ja. Kann das besser aussehen? Ja. Alles schon gehabt.

> **43% Verzinsung? Ein absolut realistisches Szenario.**

Kann das sogar zur Katastrophe werden? Tja, wenn sich das Projekt nicht rechnet und noch nicht einmal das Darlehen zurückkommt – denkbar. Allerdings wird ein Co-Investor in einer solchen Risikokonstellation das Co-Investorendarlehen so gestalten, dass er kein Verlustrisiko hat. Oder dass die Gewinnbeteiligung wesentlich höher ist. Beides geht.

Abschließend noch ein Blick darauf, welchen steuerlichen Hack es für den darlehensgebenden Investor gibt. Ich selbst gestalte solche Kredite nämlich stets als sogenanntes partiarisches Darlehen.

Gut gesteuert

Ein partiarisches Darlehen ist genau das, was ich gerade skizziert habe: ein Darlehen mit Gewinnbeteiligung plus Gewinn. Beide Größen können theoretisch null sein, sie sind aber beliebig nach oben anpassbar.

Vergebe ich dieses Darlehen als Privatperson, versteuere ich den Zinsertrag mit der Kapitalertragssteuer von 25%. Zugrunde gelegt wird also nicht mein (wahrscheinlich deutlich höherer) persönlicher Steuersatz, also ist das sehr attraktiv für mich.

> **Zugrunde gelegt wird nicht der persönliche Steuersatz.**

Und nicht nur das: Auch meinen Gewinnanteil versteuere ich nur mit der Kapitalertragssteuer!

Das ist so, weil im partiarischen Darlehensvertrag steht (und stehen muss), dass ich auf das Projekt selbst keinen Einfluss ausüben kann. Ich habe alle Informationsrechte, aber keine Gestaltungsrechte. Was mir als passivem Co-Investor nur recht sein kann.

Vergibst du das Darlehen als GmbH, hast du übrigens in der Regel aus Körperschafts- und Gewerbesteuer eine Steuerbelastung von 30%. Und falls du bereits mit einer Familienstiftung arbeitest, bleibt es sogar nur bei der Körperschaftssteuer von 15%.

Bevor du nun aber denkst: ‚Wie cool! Ich verlege mich komplett auf die Rolle eines passiven Co-Investors!', lass mich einen kurzen Warnhinweis einschieben – denn wir befinden uns in Deutschland.

Die BaFin lässt grüßen

Die BaFin, die Finanzaufsicht, ist der Meinung, dass eine Privatperson oder auch eine Firma, jedenfalls eine Nicht-Bank, kein bankenähnliches Geschäft in erheblichem Umfang betreiben sollte. Daher hat sie es reglementiert. Was das heißt, kann ich hier nur kurz und ohne Anspruch auf Vollständigkeit umreißen.

Für Kreditgeschäfte von Nicht-Banken gibt es Größen, ab denen der Darlehensgeber die Erlaubnis der BaFin benötigt, um sie zu tätigen. Diese Größen definieren sich über zwei Bedingungen: Entweder du vergibst nicht mehr als 100 Darlehen mit einer Gesamtsumme von maximal 500.000 €. ODER es dürfen, falls du über den 500.000 € liegst, höchstens 20 Darlehen sein.

Für alle, die sich zum ersten Mal mit dem Thema befassen, klingt die Zahl 20 so, als würden sie nie dorthin kommen. Für alle, die das Geschäft regelmäßig betreiben, ist das allerdings eine Größenordnung, in die sie relativ schnell vorstoßen.

Ab dem 21. Darlehen brauchst du also die Erlaubnis der BaFin. Wie bekommst du diese Erlaubnis? Um es kurz zu machen: in der Praxis gar nicht.

> **Ab dem 21. Darlehen brauchst du die Erlaubnis der BaFin.**

Das ist das große Aber in dieser Sache – mal abgesehen davon, dass es, wie gesagt, ein Hochrisikogeschäft ist. Dennoch gibt es unzählige Investoren, die gerne dazu bereit sind. Die Frage ist nur, wo du sie findest.

Investoren-Meetingpoints

Eine Zeitungsanzeige schalten, geht leider nicht: Für diese Art des Geschäfts zu werben, ist verboten. Musst du auch nicht, denn du triffst die Leute einfach so. Und zwar dort, wo du sie auch vermuten würdest: bei Immobilienstammtischen zum Beispiel oder in entsprechenden Netzwerken.

So haben wir bei immocation einen entsprechenden Online-Bereich, wo der ein oder andere sogar direkt schreibt, dass er sich ein Co-Investment grundsätzlich vorstellen kann.

Oft entstehen die Verbindungen über Empfehlungen. Und noch häufiger entstehen sie durch gutes Zuhören. Du hörst vielleicht jemanden erzählen: „Ich könnte viel mehr machen, doch ich habe keine Zeit dafür." Oder andersherum sagt einer: „Ich könnte jede Woche ein fantastisches Objekt kaufen, weil ich so stark in der Akquise bin. Ich kann es aber nicht finanzieren."

Solche Verbindungen entstehen durch gutes Zuhören.

Meine Empfehlung ist: Warte nicht auf den stärksten Co-Investor, egal welche der beiden Seiten du suchst. Höre stattdessen aktiv zu, mach dir selbst viele Gedanken und streue, dass du jemanden mit der Superpower Zeit, oder eben mit der Superpower Geld suchst.

Deshalb fallen solche Investoren zwar nicht am nächsten Morgen vom Himmel. Aber wenn du dich regelmäßig in diesem Markt bewegst, dein Netzwerk pflegst und dich fortbildest, machst du damit natürlich auch Werbung in eigener Sache. Ich bekomme immer wieder Rückmeldungen von Teilnehmern, dass sie sich im Rahmen meiner Seminare kennengelernt haben und jetzt zusammenarbeiten. Solche Veranstaltungen bieten einen geschützten Rahmen, in dem sich ausgezeichnet über solche Dinge sprechen lässt.

„Habe ich das richtig verstanden, Julia?“, fragt Jonas.

Die beiden gehen die Treppen des Mehrfamilienhauses hinunter, das Julia und Christian in der Woche davor gekauft haben. Der aufgeweckte junge Mann hat sich sowohl als Besichtiger als auch als Baustellenbegleiter bei einigen Objekten bewährt und soll Julia auch hier unterstützen.

Und weil Jonas so gelehrig und wissbegierig ist, hat Julia ihm auch in groben Zügen erzählt, wie sie die Finanzierung für diese erste große Einzelimmobilie gestemmt habe.

„Was meinst du?“

Die beiden sind unten angekommen. Jonas hält Julia die Tür auf und erwidert: „Ich meine, dass ihr als Sicherheit für diese Finanzierung das Elternhaus von Christian beliehen habt.“

„Richtig.“

„Und wenn das nicht geklappt hätte?“

Die Tür fällt hinter den beiden zu.

Julia blinzelt in die Herbstsonne und antwortet: „Dann hätten wir eben eine der anderen Optionen genutzt.“

Jonas schüttelt ungläubig den Kopf: „Ihr hattet noch mehr Optionen? Obwohl es um so viel Geld geht?“

Sie nickt: „Gerade, wenn es um so viel Geld geht. Außerdem lassen sich diese Optionen geschickt miteinander kombinieren – was oft sowieso die beste Lösung ist.“

„Oh, das klingt ja spannend!“

Julia sieht auf ihre Uhr: Sie hat noch eine gute halbe Stunde Zeit.

„Jonas, wenn du Lust hast, lass uns eine Runde durch den Stadtpark gehen. Dann erzähle ich dir ein bisschen mehr dazu ...“

Deine Schritt-für-Schritt-Anleitung für deine 10X-Bankenunabhängigkeit

1. Wenn dir ein oder mehrere interessante Objekte begegnen, die du allein nicht stemmen kannst: Schaue dich nach möglichen Co-Investoren um.
2. Diese Option bereitest du langfristig vor, indem du dich einem Netzwerk anschließt, in dem sich potenzielle Co-Investoren bewegen.
3. Durch aktives Zuhören und im geschützten Rahmen von Veranstaltungen werden sich mit der Zeit entsprechende Partner herauskristallisieren.
4. Steht ein entsprechendes Objekt an, einigt ihr euch über die Art eurer Zusammenarbeit.
5. Entscheidet ihr euch für eine längerfristige Zusammenarbeit, entwickelt ihr einen klaren Plan über die Zuständigkeiten und euer gemeinsames Ziel.

So lässt du deine 10X-Finanzierung sich selbst skalieren

Die unterschiedlichen Tools, die ich dir in den vorangegangenen Kapiteln vorgestellt habe, sind mächtige und bewährte Hebel für deine Immobilienfinanzierung. Meine Aufzählung ist jedoch bei Weitem nicht erschöpfend: Es gibt zahlreiche weitere kleinere und größere Hebel, die in der ein oder anderen Situation die perfekte Ergänzung darstellen können.

Je mehr dieser Tools du in deinem „Werkzeugkoffer" hast, desto besser. Denn das, was den 10X-Investor im Bereich der Finanzierung vom 1X-Anleger unterscheidet, ist die Zahl der Optionen, die er überblicken, einsetzen und vor allem geschickt miteinander kombinieren kann. So kann er seine 10X-Finanzierung skalieren.

Doch am Anfang steht für den 10X-Investor nie die Finanzierung.

Dein Fokus

Die grundsätzliche Herangehensweise eines 10X-Investors beginnt in dem Moment, in dem er einen guten Deal erspäht hat. Dann stellt er alle Ampeln auf Grün und sagt: „Den will ich haben."

> **Der 10X-Investor stellt alle Ampeln auf Grün.**

Er sagt nicht: „Ach, mir fehlt gerade das Geld oder die Zeit oder irgend etwas anderes." Darum geht es nicht. Wenn der Deal super ist, richtet der 10X-Investor seinen Blick auf etwas anderes: auf die Engpässe auf dem Weg zu diesem Deal.

Anschließend denkt er sich zunächst eine Strategie aus, wie er Engpass 1 lösen kann. Hat er die gefunden, geht er weiter zu Engpass 2. Kann er diesen nicht ebenfalls mit der ersten Strategie lösen, verwirft er die Strategie nicht – denn für

Engpass 1 ist das ja eine prima Lösung. Und für Engpass 2 denkt er sich eben eine andere Strategie aus.

So geht der 10X-Investor Engpass für Engpass durch, bis er für alle eine Lösung gefunden hat. Diese Lösungen können ganz unterschiedlich sein: Vielleicht nimmt er für seinen Superdeal zunächst ein variables Darlehen von der Bank, holt einen Teil des Kapitals aus seiner Kreditlinie, nutzt noch einen weiteren Teil von einem Co-Investor – und sucht sich am Ende zusätzlich noch jemanden, der Zeit hat und den er auf irgendeine Art und Weise mit beteiligt.

Das ist der Grund, warum der 10X-Investor einen möglichst großen Werkzeugkasten braucht: Damit findet er für jeden Engpass eine passende Option.

Das hört sich nicht nur relativ komplex an, das ist es auch.

Dein Werkzeugkasten

Der ein oder andere meiner Seminarteilnehmer seufzt an dieser Stelle tief auf. Ich kann das verstehen. Ich finde es auch nicht gut, dass das Reichwerden so schwierig ist. Ich finde, es dürfte viel leichter sein.

Das hätte allerdings einen großen Nachteil: Wenn es einfach wäre, würden es alle machen. So betrachtet finde ich es gut, dass die Dinge schwierig sind. Und ich finde es gut, einen gut gefüllten Werkzeugkasten zu haben.

Doch dieser Werkzeugkasten füllt sich nicht von alleine, genauso wenig wie die Werkzeuge von allein ihre Arbeit machen. Als 10X-Investor brauchst du Zeit, die Werkzeuge zu sammeln und den Umgang mit ihnen zu lernen, und du brauchst Fokus auf die Lösung.

> **Als 10X-Investor brauchst du Zeit und Fokus.**

Das ist der Kern des 10X-Investments: Du musst dich nicht nur mit der Finanzierung selbst, sondern auch mit den Rahmenfaktoren auskennen. Nur so kannst du voll fokussiert eine gute Strategie entwickeln, in der du mal das eine, mal das andere Instrument einsetzt, um deine Engpässe zu überwinden und den Deal möglich zu machen. Und manchmal bringst du eine Menge Instrumente zum Einsatz!

Ich höre unfassbar viele Geschichten von Teilnehmern, bei denen ich selbst hinterher denke: ‚Wahnsinn, wie der das hingekriegt hat in dieser Kombination so vieler verschiedener Tools und Faktoren! Was für ein Fokus! ‘ Ja, so eine clevere Finanzierung kann unglaublich schwierig sein. Und: Nein, nicht alle kommen ans Ziel. Manche geben eben vorher auf.

Manche geben eben vorher auf.

Eines meiner Lieblingsbeispiele von Investoren, die ihren Fokus stets behalten haben, ist Howard Schultz.

Viele Neins in der Tasche

Howard Schultz ist der Gründer von Starbucks, der heute weltumspannenden Kaffeehauskette. Er hatte diese Idee, Starbucks zu gründen und brauchte Geld von Banken, um Filialen zu eröffnen und teilweise auch die Immobilien dafür zu kaufen. Dafür hatte er einen hervorragenden Plan entwickelt, den er den Banken vorstellte. Die erste Bank sagte „Nein“, die zweite Bank sagte „Nein“, die dritte Bank sagte „Nein“. Aber Howard Schultz gab nicht auf.

Howard Schultz gab nicht auf.

Er klapperte die unfassbare Zahl von 242 Banken ab, die alle seinen Plan ablehnten. Bis die 243. Bank sagte: „Ja, können wir uns vorstellen. Machen wir.“

Jetzt vermute ich jedoch schwer, dass er nicht mit einem unveränderten Konzept zu den 242 oder 243 Banken gegangen. Ich bin sicher, dass er dieses nach den ersten Neins nachgefeilt hat. Er wird seine Engpässe noch genauer identifiziert haben. Er wird seine Story immer runder gemacht haben. Vielleicht hat er Co-Investoren an Bord genommen. Oder unterschiedliche Finanzierungsvarianten vorgeschlagen. Oder Branchenexperten eingespannt. Daher stand er in der 243. Bank nicht nur mit 242 Neins in der Tasche, sondern auch mit der Erfahrung aus 242 Neins – und einem immer besseren Plan. Und dann hat die 243. Bank „Ja“ gesagt.

Ehrlich gesagt weiß ich von keinem meiner Teilnehmer, der bei 242 Banken war. Ich kenne aber einen, bei dem erst die 21. Bank „Ja“ gesagt hat. Und bei ihm war es ganz genauso: Er hat seine Story immer weiter verbessert, hat verschiedene Strategien und Bestandteile miteinander kombiniert, sie geschickt verflochten und ist so zum Ziel gekommen.

Das ist 10X.

10X bedeutet, nicht eindimensional, sondern mehrdimensional zu agieren. Es gilt, das Beste aus vielen, vielen Optionen herauszuholen. Und manchmal ist die Verknüpfung von zwei Optionen eben nicht

$$1 + 1 = 2,$$

sondern manchmal ist

$$1 + 1 = 3.$$

Zwei Voraussetzungen gibt es aber für dieses 10X-Agieren.

Vorbereitung und Inspiration

Erstens solltest du dir frühzeitig Ressourcen und Optionen dafür schaffen – also nicht erst dann, wenn du sie dringend brauchst.

Das ist, wie wenn du vorsorglich einen Regenschirm mitnimmst: Er stört dich kaum und vielleicht brauchst du ihn nicht. Wenn es aber zu schütten anfängt, bist du froh, dass du ihn dabei hast.

Die zweite Voraussetzung ist, dass du aktiv zuhörst, wenn andere von ihren Erfahrungen berichten. Die Frage: „Was hast du gemacht?" ist das eine. Die eigentliche Kernfrage aber ist: „Wie hast du das gemacht?" Du kannst dabei unglaublich viel über Strategien lernen.

> **Die Kernfrage ist: „Wie hast du das gemacht?"**

Ich habe auch nicht alle Strategien in diesem Buch selbst erfunden. Zu vielen haben mich andere inspiriert. Auch einige der Tools gibt es in anderen Bereichen schon lange und irgendwann ist einer darauf gekommen, wie wunderbar sie sich auf Immobilieninvestments adaptieren lassen.

Am besten entwickelst du ausgeprägte Antennen für die vielen Anregungen und Impulse, die dir dazu begegnen. Mein Tipp ist, dir diese Impulse zu notieren. Mache dir einen Notizzettel, gerne einen digitalen, auf dem du solche guten Ideen aufschreibst – selbst wenn sie dich aktuell noch gar nicht betreffen. Eines Tages begegnet dir dann doch eine Herausforderung dieser Art, und du bist froh, dass du als 10X-Investor das richtige Tool schon parat hast.

Alles gut?

Okay, du weißt nun, wie du deine 10X-Akquise aufziehst, und du weißt, wie du eine 10X-Finanzierung baust. Du hast großartige Immobilien gekauft und alles könnte gut sein.

Wenn da nicht dieser böse Verwaltungsbumerang wäre, der dich irgendwann unvorbereitet von den Füßen holen könnte.

Deine Schritt-für-Schritt-Anleitung für deine 10X-Finanzierung

1. Verschaffe dir den Zugriff auf Ressourcen und Optionen in einer Zeit, in der du sie noch nicht brauchst.
2. Sammle bewusst und aktiv Kenntnisse zu Tools und Strategien, die du möglicherweise einmal anwenden kannst.
3. Mache dir Notizen, wann immer dir solche Anregungen begegnen.
4. Frage erfolgreiche Investorenkollegen: „Wie hast du das gemacht?"
5. Hast du einen Superdeal vor Augen, baue dir für jeden Engpass eine Strategie und behalte deinen Fokus.

5 Schritt für Schritt zur 10X-Organisation

Stringent und flexibel

Frank sitzt auf der Terrasse seines Reiheneckhauses und ist in ein Exposé vertieft. Seit sein Sohn Jonas so oft von den Immobilien spricht, die Julia und Christian kaufen, lässt ihn das Thema nicht mehr los. Ob er vielleicht auch noch an den Kauf von der ein oder anderen Wohnung denken sollte? Das könnte seiner Altersvorsorge sicher nicht schaden ...

Ein festes Klopfen auf seiner Schulter reißt ihn aus seinen Gedanken.

„Was hast du denn da, Schwiegersohn?"
Großmutter Erna lässt ihren Gehstock wieder sinken und stellt sich neben Frank.

Er seufzt und streckt ihr das Exposé hin: „Die Beschreibung einer Wohnung, die zum Verkauf steht."

Erna würdigt das Papier keines Blickes, sie sieht ihn stattdessen scharf an: „Eine Wohnung? Ihr habt doch dieses Häuschen. Wozu braucht ihr eine Wohnung?"

Frank antwortet: „Um sie zu vermieten."

„Vermieten?" Jetzt klingt Oma Erna ernstlich empört. „Weißt du, was das für ein Aufwand ist? Wo du doch eh schon so viel Zeit im Büro verbringst! Meine arme Tochter muss sogar den Rasen selbst mähen, weil du keine Zeit hast. Als ob das eine Arbeit für eine Frau ist!"

Frank atmet einmal kurz durch, zählt gedanklich bis drei und erwidert dann ruhig: „Erstens mäht Sabine den Rasen gern und zweitens: Irgendwie schaffen es Julia und Christian ja auch, neben ihrem Job ihre vielen Immobilien zu organisieren."

„Ach, daher weht der Wind!" Erna lässt sich auf einen Gartenstuhl fallen und schnaubt: „Diese Julia hat dir diesen Floh ins Ohr gesetzt – und dem Jungen gleich dazu."

„Jonas lernt sehr viel bei ihr", verteidigt Frank seinen Sohn.

„Ja, bloß was er da lernt!", Erna ist auf 180. „Also, der Cousin meiner Nachbarin, der vermietet auch. Und der sagt, dass die Verwaltung allen Vermietern irgendwann über den Kopf wächst. Egal, was diese ... Julia behauptet."

„Was ist mit Julia?", Jonas tritt aus der Terrassentür, die Kaffeekanne in der Hand.

Sein Vater grummelt: „Ach, Oma meint, dass die Organisation rund um Immobilien ihre Besitzer auffrisst. Jonas, du hast doch ein bisschen Einblick: Wie ist das bei Julia und Christian?"

Jonas zuckt die Schultern: „Ich glaube, die haben das im Griff."

Erna gibt ein ungläubiges Prusten von sich.

Ihr Enkel lächelt charmant darüber hinweg und hält die Kanne über die Tasse, die vor ihr steht: „Darf ich dir einen Kaffee einschenken?"

„Ja, bitte, mein Junge", erwidert sie besänftigt. Er schafft es einfach immer wieder, sie um den Finger zu wickeln.

Nun aber ist es Frank, der sich vorbeugt und nachfragt: „Und weißt du auch, wie sie das schaffen?" „Oh, ich glaube, die haben da ein System entwickelt ..."

Ganz zu Beginn dieses Buches habe ich dir bereits das Übel vorgestellt, das alle 1X-Anleger, die wachsen, irgendwann hart erwischt: den Verwaltungsbumerang.

Das Bild passt hervorragend, denn wie mit dem Kauf einer Immobilie bringst du mit dem Wurf eines Bumerangs etwas in Bewegung, was sich von dir entfernt, an Dynamik zulegt und dann aber wieder zu dir zurückkehrt. Falls du nicht vorbereitet bist, holt er dich von den Füßen. Und je mehr

Immobilien du gekauft hast, umso größer ist die Wucht dieses Verwaltungsbumerangs.

> **Bist du nicht vorbereitet, holt dich der Verwaltungsbumerang von den Füßen.**

In diesem Teil liest du, wie du dich auf deinen Bumerang so vorbereitest, dass du ihn stets auffangen und immer größere Kreise ziehen lassen kannst anstatt von ihm niedergebügelt zu werden. Ich möchte dir damit die schmerzvolle Erfahrung ersparen, die ich selbst mit diesem Verwaltungsbumerang gemacht habe.

Voll im Zielkonflikt

Mich ereilte der Bumerang relativ spät: Ich besaß bereits über 100 Wohneinheiten und managte alles nach wie vor alleine. Doch dann war es soweit.

In dieser Phase steckte ich in einem laufenden Akquiseprozess. Ich bekam ständig Objekte auf den Tisch, von denen ich dachte: „Cool, das besichtige ich, kläre die Finanzierung, kaufe es, schreibe dann alle Mieter an und so weiter."

Zeitgleich fielen gerade die Nebenkostenabrechnungen für alle Einheiten an, es ereigneten sich drei Wasserschäden in den Objekten und dann zogen auch noch mehrere Mieter aus. Einige dieser frei werdenden Wohnungen gab ich in die Renovierung. Die weiteren Wohnungen zu renovieren, konnte ich mir gerade nicht leisten, also musste ich schnell Mieter für die Objekte im nicht renovierten Zustand finden. Nicht zu vergessen mein Job als Unternehmensberater, der mich 60 Stunden in der Woche beschäftigte.

Ich war es schon gewohnt, die kompletten Samstage und Sonntage zeitlich in meine Immobilien zu investieren. Und als das nicht mehr reichte, hatte ich begonnen, sehr früh aufzustehen.

Heute tue ich das aus Freude, damals tat ich es aus Not: Um 4.00 oder 5.00 Uhr morgens hatte ich die Ruhe, die ich am Tag und am Abend nicht mehr hatte. Doch zu diesem besagten Zeitpunkt genügte sogar das nicht mehr.

> **Heute stehe ich aus Freude sehr früh auf, damals tat ich es aus Not.**

Ich wusste wirklich nicht mehr, wie ich das alles hinbekommen sollte. Und meine liebe Frau erteilte mir irgendwann ein liebevolles, temporäres Einkaufsverbot. Doch das stürzte mich in einen massiven Zielkonflikt: Ich wollte noch weiter wachsen und volle Kraft voraus arbeiten – doch die Situation, in die ich mich gebracht hatte, ließ das nicht zu. Das war extrem unbefriedigend.

Ich wusste: So geht das nicht weiter …

Hamsterrad hoch drei

Ich war in einer Situation gefangen, aus der es schwierig war, sich wieder herauszuarbeiten, denn ich hatte mich in ein Hamsterrad hoch drei manövriert:

Erstens war ich, um mein Tagesgeschäft zu erledigen, die ganze Zeit am Rennen und hatte keine Sekunde Zeit, darüber nachzudenken, was ich anders machen könnte.

Zweitens konnte ich auch nicht plötzlich alles ruhen lassen, weil sich mein Rad ja weiterdrehte – vielleicht kennst du eines dieser unzähligen TikTok-Videos, in dem ein Hamster in seinem laufenden Rad herumgebeutelt wird, nur weil er mit einem Mal aufgehört hat zu rennen.

Und drittens: Ich konnte nicht einmal einen weiteren Hamster einstellen, um mir etwas abzunehmen, weil ich ihn nicht hätte einlernen können, ohne selbst an Tempo zu verlieren. Mein Geschäft lief nur, solange ich selbst Vollgas gab. Tat ich es nicht, konnte ich mir den bezahlten Hamster gar nicht leisten.

Also, was tun?

Die eine der beiden klassischen Varianten wäre gewesen, eine Hausverwaltung zu beauftragen. Doch das war und ist in meiner Welt keine Option: 99% aller Hausverwaltungen handeln nicht im Sinne des Immobilieninvestors. Diese Firmen kümmern sich bestenfalls um den Erhalt des Status quo eines solchen Objekts, mehr nicht. Ich selbst habe viele Immobilien sehr günstig von Menschen erworben, die sie nicht mehr halten konnte, weil sie irgendeine Hausverwaltung hatten. Und das 1% der glorreichen Ausnahmen unter den Hausverwaltungsunternehmen ist a) schwer zu finden und b) vollkommen ausgebucht.

Also versuchte ich in meiner Verzweiflung mit der zweiten klassischen Lösung.

So nicht!

Ich mietete ein Minibüro, stellte einen Mitarbeiter für einige Stunden in der Woche ein, stellte Arbeitsmittel bereit. Aber um es kurz zu machen: Diese Versuche verliefen wenig erfolgreich.

Sie lehrten mich allerdings zu erkennen, dass diese Lösung nichts für mich war. Die Vorstellung, dass ich eines Tages in mein Büro komme und zehn Augenpaare mich anschauen mit dem Blick: „Was soll ich heute tun, Chef?“ – grauenvoll.

Und noch etwas lehrten mich diese Versuche: Bevor ich anfangen konnte, bessere Strukturen aufzubauen, musste ich mir erst darüber klar werden, was denn mein Ziel war. Wie wollte ich in Zukunft arbeiten?

Wie wollte ich in Zukunft arbeiten?

Ich wusste, dass ich weiter wachsen wollte. Und ich wusste, dass die Organisation, wie ich sie bisher aufgesetzt hatte, mich an diesem Wachstum nun hinderte: Sie fesselte mich am Ort. Sie fesselte mich in meiner Zeit. Von diesen Fesseln musste ich mich befreien.

Ich musste eine Organisation schaffen, die mir erlaubte, AN ihr zu arbeiten statt IN ihr. Ich musste den Schritt vom Beschäftigten zum Unternehmer machen.

Ich wollte vom 1X-Anleger zum 10X-Investor werden, um mein eigentliches Ziel zu erreichen: erfolgreich wachsen, indem ich meine Organisation so gestalte, dass ich persönlich frei von Raum und Zeit arbeiten kann.

Vision, Option, Realisation

Dieses Ziel habe ich inzwischen erreicht. In diesem Teil schildere ich dir sehr konkret, wie meine persönliche Lösung aussieht. Ich durfte auf dem Weg dahin viele Erfahrungen sammeln, die ich gerne mit dir teile – so kannst du dir so manchen Fehlversuch ersparen.

Meine Lösung passt sicher nicht für jeden, aber lass dich ruhig davon inspirieren, um dann deine Organisation zu bauen, wie sie deinen 10X-Wünschen und -Zielen entspricht.

Ein Hinweis noch, bevor wir eintauchen: Am Ende des Tages kostet alles, was du in andere Hände legst, Geld. Das ist es oft auch wert, denn du selbst kannst und möchtest deine Zeit ja für andere Dinge einsetzen. In der Regel gelingt das jedoch nicht mit der ersten Immobilie oder auch mit den ersten zehn Immobilien. Jede Stunde oder Fähigkeit, die du einkaufst, muss erwirtschaftet sein – idealerweise aus deinem Immobilienbereich. Und solange du sie nicht erwirtschaften kannst, musst du eben vieles noch selbst machen. Das sollte dich jedoch auf keinen Fall davon abhalten, deine Organisation so aufzubauen, dass du diese Aufgaben irgendwann abgeben kannst.

Wichtig ist, dass du eine Vision entwickelst und dir die Optionen dafür schaffst!

Bei der Organisation ist es nämlich genauso wie in allen anderen Bereichen des 10X-Immobilieninvestments: Du musst dein Ziel kennen und den Weg dahin vorbereiten.

Es bringt dir nichts, dir jetzt eine Struktur aufzubauen, die dich an deinem nächsten Schritt hindert und dich dann zwingt, wieder alles umzubauen.

So, genug der Vorrede. Jetzt widmen wir uns deiner Befreiung aus Raum und Zeit.

So befreist du deine Organisation von Raum und Zeit

Hast du eine Immobilie erst einmal gekauft, stellen sich dir als Investor Herausforderungen in drei Bereichen:

Das sind zum Ersten die Immobilien selbst: die Steine und die ganzen Einrichtungen. Sind die immer in Ordnung? Na ja: Sie bieten oft genug Special Effects, erfordern Reparaturen, Modernisierungen, Renovierungen und gelegentlich auch Sanierungen. Da ist eigentlich immer einiges zu tun.

Zum Zweiten hast du deine Kunden, also deine Mieter, die dich mit ihren Wehwehchen und Eigenheiten fordern. Aber ohne sie geht es nun mal nicht. Sie bezahlen schließlich deinen Vermögensaufbau.

Und Drittens hast du das Management deiner Immobilien: Du hast Mieteingänge zu überwachen, Nebenkosten abzurechnen, steuerliche Vorgänge im Auge zu behalten und so weiter und so fort.

Es gibt also unfassbar viele Herausforderungen. Doch nur eine einzige davon ist nicht von Ort und Zeit zu lösen: die Immobilie selbst. Alles andere lässt sich als Online-Business organisieren. Und das kannst du von überall auf der Welt her betreiben.

> **Nur eine einzige der Herausforderungen ist nicht von Ort und Zeit zu lösen.**

Ich habe mich deshalb entschieden, möglichst viel von meiner Organisation digital zu gestalten. Den entscheidenden Impuls dafür erhielt ich vor über 10 Jahren in den Silvestertagen in einer Infrarotkabine im wunderschönen Hotel Andreus in Südtirol. Ein Hotel mit dem für uns schönsten Wellness-, Sport und Spa-Bereich Europas.

Die Entdeckung des Universums

Ich hörte das Hörbuch von Tim Ferriss' *Die 4-Stunden-Woche*. Er geht darin ausführlich auf sogenannte Virtuelle Assistenten oder VAs ein.

Der Begriff ist heute gängiger, aber damals dachte ich zunächst, er spricht von technischen Hilfssystemen. Erst beim zweiten Hören verstand ich, dass er echte Menschen meint. Und dachte: „Das ist es! Wo kriege ich die her?"

> **„Virtuelle Assistenz – Das ist es!"**

Ich begann zu recherchieren und war überwältigt von der unglaublichen Menge der Angebote, auf die ich stieß. Da ich noch kein Gefühl für dieses Universum hatte, beschloss ich, zum Einstieg die günstigste Variante zu wählen, die ich fand.

Das waren VAs aus Georgien, deutschsprachig, für 3,50 € pro Stunde. Und ich dachte: „Wow, bei diesem Preis kann ich statt einen Arbeitnehmer in Deutschland mindestens 10 Assistenzen aus Georgien einstellen. Wenn jeder von denen auch nur mehr als 10% Output bringt, bin ich über 100% – sensationell!" Ich engagierte sofort die ersten drei und betraute sie mit einigen einfachen Aufgaben. Doch das Ergebnis war bescheiden.

Ich probierte weitere VAs aus, nicht nur aus Georgien, sondern aus vielen anderen Ländern, ich experimentierte mit Fiverr und anderen digitalen Marktplätzen. Zurück blieb ich mit der Erkenntnis: Wer billige Arbeit kauft, bekommt entsprechende Ergebnisse. Es mangelte zum einen an Qualität in der Sache. Und zum anderen kannten sich diese VAs kein bisschen mit deutschen Immobilien, Nebenkostenabrechnungen und solchen Dingen aus.

> **Wer billige Arbeit kauft, bekommt billige Arbeit.**

Also landete ich relativ schnell bei Varianten, bei denen die VAs auch ordentliches Geld verdienen. Damals waren das 20 bis 25 € pro Stunde. Heute sind das eher 30 bis 35 € pro Stunde oder etwas mehr.

Was ich dafür bekomme, ist diesen Preis absolut wert: Das sind sehr fähige VAs, die nicht nur abarbeiten, sondern tatsächlich mitarbeiten.

Die Bewohner des Universums

Wenn du dich nun fragst, was das für Menschen sind, die auf diese Weise digital ihre Dienste anbieten: Das sind natürlich keine Leute, die immer schon gesagt haben: „Mein Berufswunsch ist, VA zu werden.“ Sehr viele dieser VAs kommen zu ihrem Job buchstäblich wie die Jungfrau zum Kinde. Frauen werden zum Beispiel schwanger und überlegen sich: „Wie kann es jetzt weitergehen?“

Etliche haben vorher als Chefsekretärin, als leitende Angestellte in der Buchhaltung oder Hausverwaltung, in Marketing oder Social Media gearbeitet. In ihre Fulltime-Jobs wollen sie (vorerst) nicht zurück, aber die Füße komplett stillhalten wollen sie auch nicht. Die virtuelle Assistenz ist für sie die perfekte Lösung.

Eine weitere große Gruppe der VAs hat sich den Wunsch erfüllt, am Ort ihrer Wahl irgendwo auf der Welt zu leben. Möglich wird das dadurch, dass sie ihren Lebensunterhalt bei freier Zeiteinteilung online verdienen können.

Und manche VAs machen ihren Job einfach nebenbei, um sich mehr Wünsche erfüllen zu können.

Allen VAs gemeinsam ist, dass sie dank ihrer Arbeit als virtuelle Assistenz ihren Traum leben können.

> **Dank der Arbeit als VA können diese Menschen ihren Traum leben.**

Sie sind deshalb extrem motiviert!

Die Freude des Universums

Denn stell dir nur mal vor, dass du eine Aufgabe, die dir nicht gefällt, an jemanden abgeben kannst, der auf Hawaii lebt. Dieser erledigt die Aufgabe am Strand oder am Pool und findet es großartig. Diese Person würde niemals freiwillig zu dir ins regnerische Deutschland kommen, um diesen Job bei dir im Büro abzuarbeiten. Auf Hawaii aber steht sie dir für diese eine Sache extrem gerne für ein, zwei oder drei Wochenstunden zur Verfügung.

Sie hat Spaß, weil sie genau diese Sache richtig gut kann. Schließlich erledigt sie sie für zehn andere Auftraggeber ebenfalls.

Ich habe zum Beispiel eine VA, die mir das Nachtelefonieren der Makler abnimmt, wenn wir einen Deal nicht bekommen haben und trotzdem am Ball bleiben wollen: Daphne lebt irgendwo in Südfrankreich, spricht mit einem höchst charmanten französischen Akzent und hat ein Lächeln in der Stimme. Man möchte einfach gerne mit dieser Frau telefonieren, egal über was – sie ist wie eine Freundin.

Ihre Anrufe werden daher nie als lästig empfunden und ich staune immer wieder, wie viele für uns wertvolle Informationen sie auf diese Weise den Maklern entlocken kann. Sie macht das also deutlich besser als ich und hat darüber hinaus große Freude daran.

Durch das weltweite Sourcing bei den VAs eröffnen sich sehr viele Zusatzoptionen, die durch sie auch noch viel besser erledigt werden, als ich es je könnte. VAs sind ausgesprochen gut in dem, was sie tun. Das liegt aus meiner Sicht auch daran, dass sie glücklichere Menschen sind – eben weil sie frei von Raum und Zeit selbstbestimmt ihren Traum leben.

Vielleicht trifft das nicht auf alle VAs zu, aber auf die guten schon. Die finde ich inzwischen für jede Aufgabe, weil ich mittlerweile weiß, wie und nach was ich suchen muss.

Die Magie des Universums

Am Anfang dachte ich nämlich: ‚Ich bringe der VA bei, wie ich die Sache löse, damit ich es nicht mehr selbst machen muss.' Diejenige sollte also meinen Prozess einfach nur reproduzieren. Deshalb kam es mir nicht darauf an, dass die Person schon Erfahrung hatte – sie sollte das ja lernen.

Wer bei diesen Versuchen etwas lernte, war ich: Ich musste viel mehr Zeit aufbringen, um die VAs zu schulen, ihre Fehler zu korrigieren oder deren Arbeit ganz wegzuwerfen und es doch selbst zu machen. Diese Experimente kosteten mich oft mehr Zeit, als sie mir letztendlich brachten.

> **Diese Experimente kosteten mich mehr Zeit, als sie mir brachten.**

Also engagierte ich im nächsten Schritt nur noch VAs, die bereits Erfahrung in Hausverwaltung, Buchhaltung, Schadensmanagement hatten. Diese führte ich in meine Prozesse ein und das lief schon reibungsloser. Die Ergebnisse entsprachen meinen Erwartungen, sie waren so gut, als hätte ich die Aufgabe selbst erledigt. Doch irgendwann kam ich darauf: Es geht noch besser.

Es gibt derartig viele VAs, dass sich darunter für jede noch so nischige Aufgabe welche finden, die Ergebnisse bringen, die nicht nur so gut sind wie meine eigenen. Es gibt immer auch VAs, die diese Aufgabe besser machen als ich!

Das ist die eigentliche Magie der VAs.

Vielleicht erinnerst du dich an die zweite der drei 10X-Fragen aus Kapitel 2: Wer macht das besser als ich? Das ist heute mein wichtigstes Ziel, wenn ich VAs einspanne: Ich gebe Aufgaben nicht mehr nur ab, um sie nicht selbst machen zu müssen. Ich gebe sie ab, damit sie besser erledigt werden, als ich es könnte.

Ich gebe Aufgaben ab, damit sie besser erledigt werden, als ich es könnte.

Dem liegt eine einfache Selbsterkenntnis zugrunde: Es gibt wahrscheinlich keinen einzigen Menschen, der gleichzeitig alle Aufgaben rund um Immobilien besser macht als ich. Aber wenn ich jede einzelne Kleinigkeit betrachte, gibt es mit an Sicherheit grenzender Wahrscheinlichkeit jemanden, der diese besser erledigt als ich. Und vielleicht auch nur deshalb, weil derjenige Systeme, Erfahrungen und Arbeitsweisen mitbringt, die ich gar nicht auf dem Schirm habe.

Solche Leute machen das, was sich ein Unternehmer eigentlich von seinen Angestellten wünscht: Erfahrung und/oder Wissen mitbringen und sich auf dieser Basis hervorragend in die Firma einbringen. Das ist es, was Mehrwert bringt. Und von diesem Mehrwert habe ich seither in meinem Unternehmen sehr viel – weil ich auf beliebig viele Menschen Zugriff habe, die das können und wollen.

Das heißt: Auf diese Weise habe ich plötzlich Lösungen für alles. Und das ist großartig.

Ich habe Lösungen für alles.

Klingt das zu gut, um wahr zu sein?

Dein virtuelles Unternehmen

Natürlich gibt es ein paar Einschränkungen und Dinge zu beachten. Auf die gehe ich in den nächsten Kapiteln noch ein. Aber die Aussage ist dennoch richtig: Es gibt für jede Anforderung eine Lösung im VA-Universum.

Und die Vorteile gegenüber fest angestellten Mitarbeitern vor Ort liegen auf der Hand: Du brauchst keine Arbeitsverträge, du hast keine Lohnabrechnungen zu machen, du musst weder Arbeitsmittel noch Arbeitsplatz zur Verfügung stellen.

Du bleibst in deiner Auftragsvergabe frei und unabhängig. Du musst dich nicht binden und dich in deinem Wachstum einschränken. Mithilfe von VAs kannst du dir ein virtuelles Unternehmen bauen, das dich von Raum und Zeit befreit.

Mithilfe von VAs kannst du dir ein virtuelles Unternehmen bauen.

Und wenn du kein rein virtuelles Unternehmen möchtest: kein Problem. Es gibt ja auch hybride Lösungen. Wenn du gerne deine Assistenz und vielleicht noch drei andere Mitarbeiter bei dir im Büro hast, weil du es schätzt, dass dir jemand den Kaffee kocht und die Ablage macht, dann richte es dir so ein. Für alle anderen Aufgaben gibt es VAs.

Wie du dein virtuelles Unternehmen und die Zusammenarbeit mit VAs konkret angehen kannst, erfährst du im nächsten Kapitel.

Leise, ganz leise dreht Christian den Schlüssel in der Wohnungstür. Ob Julia noch wach ist? Und wenn sie noch wach ist, mit welcher Laune wird sie ihn empfangen?

Es hätte endlich mal wieder ein netter Kinoabend zu viert sein sollen. Viel zu lange hatten sie ihre Freunde Ina und Ralf immer wieder vertröstet.

„Aber ihr könnt doch nicht nur noch arbeiten!“, hatte Ina schließlich resolut gesagt. „Dienstag in zwei Wochen läuft dieser tolle Film noch mal, den ihr schon im Sommer verpasst habt, weil ihr keine Zeit hattet. Ein Abend muss doch drin sein, oder?“

Julia und Christian hatten sich angesehen und ihrer Freundin recht gegeben. Also hatten sie vier Karten reserviert.

Christian war es auch gelungen, sich extra früh aus der Firma loszureißen. Doch zu Hause hatte er eine bedrückte Julia am Schreibtisch vorgefunden.

„Du musst alleine gehen“, hatte sie traurig gesagt. „Ich sitze noch an der Abrechnung, die bis morgen früh fertig sein muss.“

Sein Angebot, ebenfalls dazubleiben und ihr zu helfen, hatte sie brüsk abgelehnt: „Wir können unsere ältesten Freunde nicht vor den Kopf stoßen. Du musst gehen!"

Nur widerstrebend hatte er eingewilligt. Er hatte den Film gar nicht genießen können und war auch nur noch auf einen Sprung mit in die Bar nebenan mitgegangen. Er hatte einfach ein schlechtes Gewissen, denn schließlich waren die Immobilien ihr gemeinsames Ding.

Auf Zehenspitzen schleicht er nun in die Wohnung. Im Arbeitszimmer brennt noch Licht.

„Julia?", ruft er leise.

„Ich bin hier, mein Schatz", antwortet Julia.

Christian ist erstaunt: Seine Frau klingt weder wütend noch traurig. Im Gegenteil, sie klingt richtiggehend aufgekratzt.

Er betritt das Arbeitszimmer, wo Julia ihn über den Schreibtisch hinweg anstrahlt.

„Ich hab's", sagt sie.

„Du hast die Abrechnung fertig?", fragt er.

„Ja. Aber ich habe noch etwas viel Besseres: Ich habe DIE Lösung!"

Sie steht auf und gibt ihm einen Kuss: „Ich habe dir doch von diesem Service erzählt, den wir im Konzern nutzen: Wenn wir eine PowerPoint-Präsentation für den Vorstand oder einen wichtigen Kunden zu halten haben, brauchen wir die Datei nur inhaltlich erstellen. Anschließend schicken wir sie zu diesem Service und am nächsten Morgen liegt sie hübsch gemacht wieder in der Mailbox. Ich weiß nicht einmal, wo die sitzen, aber das funktioniert hervorragend."

Christian sieht noch verständnislos drein: „Und was hat das mit unserer Nebenkostenabrechnung zu tun?" Julia lächelt: „Ich habe mich gefragt, ob es nicht auch ähnliche Services für andere Aufgaben gibt, und angefangen zu recherchieren. Und stell dir vor ..."

Sie breitet die Arme weit aus: „... es gibt ein ganzes Universum von Menschen, die so etwas anbieten."

Sie schließt ihre Arme um Christian, schmiegt sich an ihn und sagt sanft: „Dieses Universum kann dafür sorgen, dass ich keinen gemeinsamen Abend und keine gemeinsame Nacht mit dir mehr verpassen muss ..."

So gelingt dir der schnelle Einstieg

Die Zahl der Aufgaben, die du mit VAs lösen kannst, ist unglaublich groß. Ebenso groß ist die Zahl der VAs, die dafür infrage kommen. So ist die Auswahl am Anfang nicht leicht.

Du könntest zwar spontan mit irgendeiner Aufgabe starten, die du gerade auf dem Tisch hast und gerne abgeben möchtest. Wenn sich das für dich gut anfühlt, mach das: Ein zügiger Beginn ist in der Regel besser als ein zögerlicher. Allerdings bin ich persönlich ein Fan davon, das Ende des Tages zu planen, bevor der Tag begonnen hat. Deshalb stelle ich dir eine Methode vor, mit deren Hilfe du schnell deinen persönlichen Einstieg in dieses Universum findest.

Eine Woche in deinem Leben

Erstelle zunächst eine Liste dessen, was du den ganzen Tag so tust.

Gehe eine Woche lang dein gesamtes Leben durch und schreibe alles auf. Und ich meine wirklich alles – und zwar nicht nur das berufliche Leben, sondern auch das private! Spare dir noch jegliche Wertung, ob du diese Dinge abgeben möchtest, ob du sie überhaupt abgeben kannst oder ob du eine Idee hast, wie du sie abgeben könntest. Wichtig ist nur die Vollständigkeit: Selbst wenn du dir nur einen Kaffee kochst: Schreibe „Kaffeekochen“ als Stichwort auf.

Wichtig: Schreibe nicht nur auf, was du wirklich tust, sondern notiere auch alles, was du gern tun würdest, wenn du die Zeit dafür hättest. Vielleicht wolltest du schon lange einmal eine Liste aller Makler in deiner Stadt haben inklusive Adressdaten, Schwerpunkten etc. Oder du wünscht dir eine vernünftige Ordnerstruktur für deine Objekte, kommst aber nie dazu – das gehört auf deine Liste. Du erstellst also eine kombinierte Wunsch- und Praxisliste.

Du erstellst eine kombinierte Wunsch- und Praxisliste.

Nach dieser einen Woche hast du wahrscheinlich schon sehr vieles erfasst, was sich danach nur wiederholt. Währenddessen kannst du bereits anfangen zu clustern: Was sind Alltagsdinge, Reisedinge, Arbeitsdinge?

Wenn du dich jetzt fragst, warum du auch private Dinge aufschreiben sollst, wo du doch nach Erleichterung auf deiner beruflichen Seite suchst: Aus meiner Sicht gibt es keinen Unterschied in der Qualität und Menge der Zeit, die ich einsparen kann.

Zeit ist Zeit

Ob im Privat- oder im Geschäftsleben: Die Zeit in beiden Bereichen ist mir gleich viel wert, weil am Ende des Tages ich immer die gleiche Menge Zeit zur Verfügung habe. Ausgenommen von dieser Rechnung bleibt für mich nur die wertvolle Zeit, die ich mit meinen Lieben verbringe. Alle organisatorischen Privatdinge gehören unbedingt in die Rechnung hinein.

Da sind zum Beispiel mindestens einmal im Monat mein Flug nach Mallorca hin und zurück plus der Mietwagen dort: Ich brauche Zeit für die Buchung, den korrekten Eintrag in meinen Kalender und in meine App „App In The Air", die mich automatisch eincheckt, das Gate anzeigt, die Bordkarten in der Wallet hinterlegt. Das dauert vielleicht zehn Minuten.

Du könntest nun fragen: Lohnt es sich, wegen dieser zehn Minuten jemanden zu beauftragen?

Na ja, bei mir schon, denn es kommt noch mehr dazu: Zum Beispiel möchte ich den Mietwagen an dem Flughafen stehen haben, an dem ich lande. Ich möchte in eine saubere und gekühlte Wohnung kommen. Außerdem würde ich gerne, falls ich an einem Sonntag anreise, etwas im Kühlschrank vorfinden. Für diesen ganzen Vorgang brauche ich dann schon mindestens eine halbe Stunde. Das sind sechs Stunden im Jahr. Mindestens. Wenn es dann Verschiebungen oder Planänderungen gibt, kommt noch einiges an Zeit hinzu.

Damit ist eine Größenordnung erreicht, bei der ich sage: Es ist es mir wert, mir diese Zeit zu sparen und für etwas anderes einzusetzen – ob für etwas Geschäftliches oder dafür, mich hinzusetzen und die Beine hochzulegen, bleibt meine Entscheidung.

Schnellstart

Okay, du hast nun also eine lange Liste dessen, was zu tun ist. Aus dieser Liste suchst du dir nun eine einzige Aufgabe heraus, mit der du startest. Am besten fällt deine Wahl auf eine einfache Sache wie zum Beispiel die Recherche „alle Makler an meinem Standort".

Diese Aufgabe eignet sich deshalb so gut, weil du niemandem einen Zugang zu irgendwelchen Systemen oder eine andere Art von Vertrauensvorschuss geben musst. Du brauchst einfach Leute, die sagen: „Ja, das kann ich machen."

Außerdem kann eine solche Recherche nicht besonders lange dauern. Daher kannst du es dir leisten, nicht nur eine VA zu beauftragen, sondern parallel zwei oder drei. Das ist perfekt, da du so schnell die Spreu vom Weizen trennen kannst.

> **Das ist perfekt, da du die Spreu vom Weizen trennen kannst.**

Gerade wenn du überhaupt keine Erfahrung in diesem Bereich hast, weißt du noch gar nicht, wie gut das Ergebnis ist, das du erwarten oder auch nicht erwarten kannst. Natürlich hast du eine gewisse Erwartungshaltung, aber es wäre doch schön, wenn die vielleicht übertroffen wird, oder? Das kannst du aber nur herausfinden, wenn du mehrere Leute beauftragst.

Du stellst also deine Aufgabe zum Beispiel in eines der vielen VA-Facebook-Portale. Über das Stichwort „VA" findest du auf Anhieb welche. Zu einem beispielhaften Portal führt dich der nebenstehende QR-Code.

FB-Gruppe:

Bei einer so einfachen Aufgabe trudelt über Nacht garantiert eine dreistellige Anzahl an Bewerbungen ein, aus denen du dir anhand der VA-Leistungsbeschreibung drei heraussuchst. Das hat nämlich jede VA: eine kurze Übersicht darüber, was sie kann und was sie bietet. Nach kurzer Zeit bekommst du von deinen beauftragten VAs eine Liste zurück.

Mehr als erwartet

Du wirst feststellen, dass die eine die Aufgabe sehr ordentlich erledigt hat, indem sie dir eine saubere Maklerliste abliefert, sogar mit Telefonnummern, was du gar nicht verlangt hattest. Die zweite hat vielleicht darüber hinaus auch die Internetadressen vermerkt plus einer Spalte mit den Schwerpunkten des Maklers. Und die dritte ist noch weiter gegangen: Sie hat die E-Mail-Adressen der Ansprechpartner verlinkt, sodass du theoretisch nur auf den Link drücken musst, um eine Mail an diesen Makler zu schreiben.

Die dritte hat dir also deutlich mehr geliefert, als du dir ausgedacht hast. Das heißt, du hast das erste Mal das Erlebnis, dass du jemanden gefunden hast, der etwas deutlich besser macht als du. Das ist ein super Gefühl, denn das ist es, was du haben möchtest!

> **Du hast jemanden gefunden,**
> **der etwas deutlich besser macht als du.**

Vielleicht bekommst du sogar von dieser VA auch noch die Rückmeldung: „Lieber Auftraggeber, wenn du nun auch noch ein schön gestaltetes Anschreiben für diese Makler haben möchtest: Das mache ich dir gerne!"

Du sammelst auf diese Weise einen ersten Eindruck, wie das VA-Universum funktioniert und wie du es für dich nutzen kannst. Du kannst dir dieses Universum vorstellen wie eines dieser großen Kletternetze auf Spielplätzen.

Gewöhnungssache

In diese Netze steigst du an irgendeinem Knotenpunkt ein und kannst dich Stück für Stück in alle Richtungen weiterhangeln.

Wie im Kletternetz fühlt sich die Fortbewegung am Anfang ungewohnt und schwankend an, aber mit jedem Tritt gewinnst du an Sicherheit. Schon bald bewegst du dich ganz problemlos überall dahin, wo du hinwillst, und erweiterst kontinuierlich deine Möglichkeiten.

So gibst du schnell nicht nur Recherchetätigkeiten ab, sondern auch andere Aufgaben: entweder eine Leistung, die eine deiner guten VAs dir direkt oder auf ihrem One-Pager zusätzlich anbietet. Oder du fragst diese, ob sie nicht eine VA empfehlen kann, für die Aufgabe, die du gerne abgeben möchtest. Entweder weiß die VA direkt jemanden, oder du bittest sie, dir jemanden für diese Aufgabe zu suchen und schon mal eine Vorauswahl zu treffen.

Das klappt hervorragend, und ich kann dir versprechen, dass du bald nie wieder über die üblichen Portale gehen musst, um Bewerbungen einzuholen.

> **Du sourced auch dein zukünftiges Recruiting aus.**

Das ist absolut perfekt, da du auch dein zukünftiges Recruiting ausgesourced hast. Solltest Du eine weitere VA benötigen, lässt Du die Bewerbungs- und Suchphase natürlich von einer deiner bestehenden VAs durchführen.

Ganz wie du willst

Mit jedem Schritt, mit dem du weiter in dieses VA-Universum vordringst und Aufgaben abgibst, kannst du dein eigenes Hamsterrad entschleunigen – jede Kleinigkeit zählt.

Du lernst, mit dem Instrument VA spielen und dir alles so einzurichten, wie du es haben möchtest. Willst du zum Beispiel mehr Sicherung einbauen in deinen VA-Prozess der Nebenkostenabrechnung? Dann lass eine VA die Abrechnung erstellen und eine zweite VA, die das auch kann, die Überprüfung übernehmen. Damit hast du ein Vier-Augen-Prinzip eingeführt und erhältst mit hoher Wahrscheinlichkeit ein fehlerfreies Ergebnis – ohne dass du die Kontrollstelle bist.

Natürlich muss es dir die Ausgabe wert sein, sowohl von der zeitlichen und emotionalen Entlastung her als auch von der finanziellen Seite. Wenn du gerne Nebenkostenabrechnungen kontrollierst: Mache es weiter. Wenn nicht, kennst du deine Optionen.

Gleiches gilt für praktisch alle Aufgaben, die du dir nur denken kannst. Es gibt kaum eine Tätigkeit, die du nicht über VAs abdecken kannst. Ausgenommen vielleicht das Kaffeekochen im Büro – und selbst dafür ließe sich wahrscheinlich ein Workaround finden.

Dazu, wie du deine Aufträge am besten ausschreibst, habe ich noch einen Praxistipp für dich.

Besser ausschreiben

Intuitiv würdest du wahrscheinlich die Aufgabe, den zeitlichen Aufwand und die Entlohnung so genau wie möglich beschreiben, vielleicht so: „Ich brauche eine Nebenkostenabrechnung: Ich arbeite mit diesem Programm, es geht um ein Haus mit zehn Einheiten, so stelle ich die Belege zur Verfügung, in dieser Zeit muss das gemacht werden, ich bin bereit, diesen Betrag zu bezahlen."

Meine Empfehlung ist jedoch: Tue genau das nicht! Bleibe bei der Formulierung lieber so ungenau wie möglich.

Tue genau das nicht!

Was du nämlich an Ergebnissen bekommst, ist zwar wahrscheinlich okay – aber es führt eben in jeder Hinsicht nur zu Ergebnissen innerhalb deines Erfahrungshorizonts. Sagst du beispielsweise, dass diese Nebenkostenabrechnung mit 200 € erledigt sein muss, wirst du zwangsläufig nur auf Leute zugreifen, die das für 200 € erledigen. Einige werden deshalb gar nicht antworten. Einige andere, die es für 100 € gemacht hätten, werden sagen: „200 €? Nehme ich."

Und nachdem du den Prozess schon vorgegeben hast, wirst du keinen besseren Prozess bekommen.

Mein Formulierungsvorschlag in diesem Fall wäre: „Ich habe eine Nebenkostenabrechnung für ein Haus mit zehn Einheiten zu vergeben. Ich brauche jemanden, der einen Prozess dafür hat und mir sagt, wie wir das konkret bewerkstelligen."

Eine durchaus realistische Rückmeldung auf diesen Post wäre: „Lieber Markus, ich habe ein automatisiertes System, in das ich einmal die Haus-Stammdaten hinterlegen muss. Ich brauche die Dokumente digital. Ich würde dir aber im Weiteren auch erklären, wie ich sie nicht erst am Jahresende, sondern zwischendurch mit einfachen Tools und automatisiert digital von dir bekommen kann. Normalerweise nehme ich für eine Nebenkostenabrechnung 200 €. Bei diesem ersten Mal kommen einmalig 200 € hinzu, weil ich das Haus mit allem Drum und Dran anlegen muss. Ich mache das im Programm XY, auf das du Zugriff hast. Anbei ein Beispiel, wie die Nebenkostenabrechnung für die Mieter aussieht. Und wenn du möchtest, versende ich auch alles per E-Mail und über einen Postservice mit Nachverfolgung an die Mieter."

Was für ein Unterschied zu der ersten Variante, nicht wahr?

Kühne Ideen

Ich kann es nicht oft genug wiederholen: Das Universum der VAs ist voll Magie. Du kannst oft gar nicht die richtigen Fragen stellen, weil diese weltweite Kompetenz meilenweit voraus ist. Du darfst stattdessen die kühne Idee entwickeln, was denn dein Wunschtraum an Kompetenz und an Lösung wäre.

Häufig kommst du dann genau zu dem Punkt, dass du denkst: „Ich möchte eigentlich gar nichts damit zu tun haben. Es soll einfach funktionieren.“ Dann ist das Beste, die Ausschreibung offen zu halten. Du kannst sogar explizit dazuschreiben: „Am liebsten möchte ich gar nichts mit diesem Vorgang zu tun haben.“

Es könnte ja sein, dass du eine Rückmeldung bekommst: „Wenn du es nicht selbst kontrollieren möchtest: Ich habe noch jemand anderen, der das Ganze im Vier-Augen-Prinzip prüft.“

Du darfst dich in diesem Universum überraschen lassen. Schließlich arbeitest du in jedem dieser Teilbereiche plötzlich mit Spezialisten zusammen, die nichts anderes tun.

> **Du darfst dich in diesem Universum überraschen lassen.**

Ein paar Dinge gilt es allerdings zu bedenken und zu beachten.

Kontrolle ist besser?

Da ist zum Beispiel die Datenschutzkonformität. Zwar unterliegen Immobilieninvestoren keinen außergewöhnlichen, sondern nur den ganz normalen Vorschriften. Aber eine beauftragte VA bekommt natürlich unter Umständen Zugang zu sensiblen Daten, wie die Bankverbindungen der Mieter oder die Höhe der Mieteingänge. Das verursacht dem ein oder anderen Bauchschmerzen. Mir ehrlicherweise nicht.

Erstens ist die Vertraulichkeit der VAs über einen Dienstleistungsvertrag oder auch eine separate Verschwiegenheitserklärung abgesichert. Und zweitens: Hätte ich Mitarbeiter vor Ort, die diese Vorgänge in meinem Büro bearbeiten, hätten die exakt denselben Einblick. Hätte ich irgendeine größere Sicherheit, dass sie nicht irgendetwas mit diesen Daten treiben? Ein klares Nein.

Dasselbe gilt für die bange Frage, wie sich denn kontrollieren lässt, dass die VAs die Stunden, die sie aufschreiben, wirklich arbeiten.

Vertrauen ist gut

Ich stelle dann gerne die Rückfrage: Wie willst du kontrollieren, dass die Mitarbeiter in deinem Büro ihre ganze Arbeitszeit nur für ihre Arbeit verwenden? Oder bemisst du diese sowieso lieber nach der Leistung, die sie erbringen?

Wenn du Letzteres grundsätzlich machst, ist das schon mal eine gute Herangehensweise auch für deine VAs. Du siehst ja, welche Leistung sie erbracht haben und ob das in Relation zur abgerechneten Stundenzahl liegt. Zugegeben gibt es auch Leistungen, die sich zeitlich schwieriger einschätzen lassen. Ich sehe das an den wenigen Angestellten, die ich habe, vorwiegend im Handwerk- und Hausmeisterbereich. Wenn ich nicht ein grundsätzliches Vertrauen hätte, müsste ich mich schon öfter mal fragen: Was machen die eigentlich den ganzen Tag? Tue ich aber nicht und ich lasse sie auch keine exakten Stunden- und Tagesnachweise führen.

Von meinen VAs dagegen bekomme ich diese Nachweise in der Regel ungefragt. Sie arbeiten klassischerweise mit entsprechenden Zeiterfassungtools wie zum Beispiel Toggle. Das ist ein virtueller Zeitmesser, bei dem die VA auf „meinen" Knopf drückt, sobald sie anfängt, an meinem Auftrag zu arbeiten. Ist sie mit der Arbeit fertig, drückt sie erneut auf diesen Knopf. Es öffnet sich ein Textfenster, und sie gibt ein, was sie gemacht hat. Am Monatsende drückt sie den großen Abrechnungsknopf, ausgespuckt wird eine Liste, was sie wie viele Stunden für mich gemacht hat. Dieses Protokoll legt sie ihrer Rechnung bei.

Von meinen VAs bekomme ich die Stundennachweise ungefragt.

Ich könnte daher, wenn ich es wollen würde, jede einzelne Tätigkeit, die sie diesen Monat gemacht hat, zeitlich einordnen und anhand der Ergebnisse der Arbeit bewerten, ob sich das Outsourcing für mich gelohnt hat oder nicht.

Zeitliche Rahmen vereinbare ich übrigens nur in den seltensten Fällen und ganz sicher nicht bei der ersten Zusammenarbeit.

Stellt sich heraus, dass die erbrachte Leistung mir das Geld nicht oder nicht mehr wert ist – kein Problem, denn ich muss niemandem kündigen. Ich vergebe an diese VA einfach keine Aufträge mehr, wir sind nicht aneinander gebunden. Umgekehrt ergibt sich daraus jedoch auch ein gewisses Risiko.

Ausfallsrisiko

Ich werde immer wieder gefragt, ob ich keine Bedenken habe, dass eine VA den Spieß umdreht und mir von heute auf morgen nicht mehr zur Verfügung steht. Theoretisch gibt es diesen Fall. Praktisch habe ich ihn in den zurückliegenden zehn Jahren jedoch nur genau zweimal erlebt: Einmal musste eine VA wegen einer Risikoschwangerschaft plötzlich die Arbeit einstellen, einmal folgte eine VA der Liebe ihres Lebens in den Dschungel.

Ich sehe das aber in Relation: Hätten mir solche Ausfälle mit Angestellten ebenfalls passieren können? Mit Sicherheit. Hätte ich bei diesen mit etlichen Fehltagen wegen Schnupfen oder Unpässlichkeit der Katze rechnen müssen? Ebenfalls mit Sicherheit. Dass dagegen eine VA wegen Alltagswehwehchen abgesagt hat, habe ich noch nie erlebt.

Die weitere häufige Frage geht in eine ähnliche Richtung: Ob es nicht schwierig ist, Kapazität für spontane Aufgaben zu finden?

Weitere Risiken

Meiner Erfahrung nach bekommst du, sobald du in den gängigen Facebook-Gruppen eine Anfrage gestellt hast, über Nacht ausreichend Angebote auch für kurzfristige Aufgaben – meist sogar zu viele. Doch keine Panik: Du musst denen nicht einzeln absagen, die rechnen gar nicht damit. Wenn dir die Absagen allerdings ein Bedürfnis sind, ist mein Tipp: Suche dir zwei oder drei VAs heraus und gib ihnen den Auftrag, allen anderen nett abzusagen.

Die dritte Frage betrifft nur die Gesetzgebung in Deutschland bezüglich Scheinselbstständigkeit. Zwar ist das VA-Konstrukt ganz eindeutig auf eine selbstständige Beschäftigung hin ausgerichtet, aber ich achte dennoch sicherheitshalber darauf, dass ich VAs, die in diesem Land ansässig sind, maximal zehn Stunden pro Woche beschäftige.

Soweit der Überblick darüber, wie du zügig und mit wenig Risiko in das Universum der VAs einsteigen und seine Magie entdecken kannst. Im nächsten Kapitel zeige ich dir an einem Praxisbeispiel, wie du sie in Prozesse einbaust, die dich frei in Raum und Zeit machen. Doch zuvor erzähle ich dir noch eine schöne kleine Geschichte zu einer meiner VAs, die ich erst kürzlich persönlich kennengelernt habe.

Eine VA namens Sophie

Ihr Name ist Sophie und ich hatte sie in einem Instagram-Repost von immocloud entdeckt. Da wir in dieser Zeit eine zusätzliche Herausforderung hatten, bei der wir noch ein paar Stunden brauchen konnten, schrieb ich ihr, ob sie noch Kapazität hätte. Sie schrieb zurück, dass sie noch Kapazität hätte – und dass ich außerdem ihren Mann kennen würde.

Es stellte sich Folgendes heraus: Ihr Ehemann war im Jahr davor Teilnehmer eines meiner immocation Seminare, einer sogenannten Mastermind gewesen. Mein Vortrag zu VAs hatte ihn sehr beeindruckt und nach seiner Rückkehr hatte er seiner Frau sofort davon erzählt. Diese hatte vor der Geburt der Kinder in der Bank gearbeitet und stand nun, zum Ende ihrer Elternzeit, vor der Frage, ob sie dorthin zurückkehren sollte oder nicht. Nachdem das Paar gerne reisen und unabhängig sein wollte, neigte sie zu einem „Nein". Doch was sollte sie stattdessen tun?

Sie war daher sofort Feuer und Flamme, als ihr Mann sagte: „Ich habe die Lösung. Du wirst eine solche VA und machst das, was du jetzt schon für unsere Immobilien machst, auch für andere." Sie absolvierte eine entsprechende Fortbildung, startete ihr Business, und – wie der Zufall es wollte – meldete ausgerechnet ich mich bei ihr.

Seither arbeitet sie für mich und wir haben uns kennengelernt, als sie ihren Mann dieses Jahr von einer weiteren Veranstaltung bei mir abgeholt hat. Sie hat sich mehrfach für den Impuls von damals bedankt und mir versichert, dass sie super-happy mit ihrer Entscheidung ist, VA zu werden.

Tatsächlich wird das Angebot an VAs täglich größer, weil die Konstellation für beide Seiten ein Gewinn an Freiheit in Raum und Zeit bedeutet ...

Deine Schritt-für-Schritt-Anleitung für den 10X-Einstieg in deine Befreiung von Raum und Zeit

1. Erstelle dir eine Liste aller beruflichen und privaten Tätigkeiten, die du machst oder gerne machen würdest.
2. Picke dir eine einfache Aufgabe heraus, bei der die VA weder sensible Zugänge noch tiefergehende Informationen von dir braucht. Ein ideales Beispiel ist eine Recherche.
3. Suche ein VA-Facebook-Forum auf, poste das gewünschte Ergebnis mit nur den notwendigsten Fakten.
4. Wähle aus den eintreffenden Angeboten zwei oder drei aus und vergib parallel dieselbe Aufgabe.
5. Vergleiche die Ergebnisse und arbeite mit der VA weiter, die deine Erwartungen am deutlichsten übertroffen hat.
6. Gib nach und nach weitere Aufgaben an VAs ab, die du dir empfehlen oder suchen lässt.
7. Werde kühner in deinen Ideen: Was wäre die perfekte Lösung für eine Aufgabe, bei der du maximal auf Wunsch hin involviert bist?

So kann der Verwaltungsalltag ohne dich laufen

Ich will dich zu einer Grundannahme ermutigen: Alles, was dich als Immobilieninvestor Nerven und Energie kostet, kann zunächst einmal von anderen Personen abgefedert werden. Die Voraussetzung dafür ist jedoch, dass du bereit bist, die entsprechenden Strukturen festzulegen, Verantwortlichkeiten abzugeben und das Vertrauen zu haben, dass das ohne dich funktioniert – gleichzeitig aber für die nötige Überprüfung zu sorgen, um gegebenenfalls eingreifen zu können.

Ich beschreibe dir hier beispielhaft die Lösung, wie wir in meinem Unternehmen inzwischen mit einer der vielen alltäglichen Situationen umgehen, die schon für den 1X-Anleger eine Herausforderung sind – den 10X-Investor aber vollkommen lahmlegen, wenn er es zulässt.

> **Die alltäglichen Situationen können den 10X-Investor lahmlegen.**

Die nachfolgende Lösung hat sich für uns bewährt, nachdem ich viele Erfahrungen mit anderen Varianten machen durfte. Fühle dich eingeladen, diese Strukturen nachzubauen oder nach deinen Bedürfnissen abzuwandeln.

Die alltägliche Situation, um die es exemplarisch geht, ist, dass einer der Mieter sich bei uns melden will.

Keiner da!

Die erste Herausforderung in dieser Situation ist, dass wir die Kommunikation des Mieters möglichst vollständig auf eine digitale Ebene bringen möchten. Denn das ist schließlich mein Ziel: eine virtuelle Organisation – ohne Büro, ohne Sekretärin vor Ort, ohne analoge Workarounds.

Will nun ein Mieter an uns herantreten, gibt es theoretisch fünf Wege, wie er das tun kann:

a) persönlich
b) telefonisch
c) per Fax
d) postalisch
e) per E-Mail

Bei Punkt a) machen wir es uns einfach: Eine persönliche Kontaktmöglichkeit gibt es nicht. Wir haben keine Büroanschrift, bei der der Mieter vorbeikommen könnte, wir bieten weder eine Sprechstunde an, noch eine andere Möglichkeit, uns persönlich zu treffen.

Das fühlt sich für manche Mieter in Objekten, die ich kaufe, komisch an, weil sie es anders gewohnt sind. Alle diejenigen aber, die bei uns durch die Neuvermietung gelaufen sind, halten das für ganz normal. Sie kennen es nicht anders: Sie haben die Vermietungsanzeige online gesehen, sie haben sich online beworben, sie haben den Mietvertrag online unterschrieben. Die wissen schon sehr genau, dass sie sich, wenn irgendetwas ist, per E-Mail melden sollten, weil es sonst nicht funktioniert.

Alle neuen Mieter sind demnach von Haus aus nach Digitalfähigkeit selektiert.

> **Alle neuen Mieter sind nach Digitalfähigkeit selektiert.**

Entsprechend sind es eigentlich nur noch Bestandsmieter, die es persönlich, via Telefon oder Brief versuchen. Diese entwöhnen wir sanft davon.

Es dauert

Diese Entwöhnung haben wir so gestaltet: Ja, die Präsenz haben wir komplett abgeschafft. Und wir haben das Faxgerät abgeschafft, nachdem wir tatsächlich Mieter hatten, die uns seitenlange handschriftliche Briefe geschrieben, ins Fax gesteckt und auch noch eine Sendebestätigung dafür bekommen haben – eine Katastrophe, weil sie garantiert eine Antwort darauf erwarteten.

Das Telefon dagegen haben wir nicht abgestellt aus Rücksicht auf die Mieter, die tatsächlich keine Option haben, eine E-Mail zu schreiben. Spannenderweise finden sie diese Option in der Regel dann doch, aber das steht auf einem anderen Blatt.

Alle Anrufer landen auf unserer zentralen Telefonnummer. Dort hören sie sinngemäß folgende Ansage: „Lieber Mieter, danke, dass du anrufst. Du kannst uns gerne auf dem Anrufbeantworter eine Nachricht hinterlassen. Allerdings weisen wir dich darauf hin, dass es eine Zeit lang dauern könnte, bis deine Nachricht bearbeitet wird. In dringenden Fällen schreibe uns noch lieber eine E-Mail. Die Bearbeitung geht dann sehr viel schneller, weil deine Mail von mehreren Leuten gelesen wird."

Die Folge ist, dass wir unfassbar wenige Anrufe bekommen. Und neun von zehn Anrufern legen wieder auf, ohne eine Nachricht zu hinterlassen. Von den 10%, die tatsächlich eine Nachricht hinterlassen, sagt wiederum die Hälfte am Ende: „Ich schreibe Ihnen auch noch mal eine Mail."

Wir bekommen unfassbar wenige Anrufe.

Wir kanalisieren also die mündliche Kommunikation konsequent in Richtung digitaler, schriftlicher Kommunikation. Das hat mehrere Vorteile.

Aus Last wird Ressource

Zum Ersten ist die Ausdrucksweise etwas anders. Zum Zweiten ist die Beschreibung des Anliegens meist präziser. Und zum Dritten können wir die Kommunikation direkt verteilen:

Es muss sich niemand hinsetzen, die Information aufschreiben und sich überlegen, was er damit macht, denn es ist bereits aufgeschrieben.

Das heißt, wir haben uns aus einer Sache, die immer ungeplant kommt, eine Ressource gebastelt – und diese Ressource heißt „E-Mail kommt rein".

Selbst wenn der Mieter eine Sprachnachricht auf dem Anrufbeantworter hinterlässt, kommt diese übrigens inzwischen per E-Mail zu uns. Dazu nutzen wir die Cloud-Telefonanlage Sipgate, es gibt jedoch auch Alternativen.

Es kommt also jegliche Kommunikation von Mieterseite bei uns als E-Mail an. Die Briefpost auch – aber darauf gehe ich in Kapitel 5.5 noch näher ein.

Der zentrale Gedanke dabei ist, dass wir die Kommunikation in dieser Form von überall aus bearbeiten können. Auch meine VAs können von überall darauf zugreifen und damit arbeiten.

Auf den ersten Blick

Praktisch alle diese E-Mails laufen in einem einzigen Postfach auf. Auf dieses Postfach haben fast alle meiner derzeit 52 VAs Zugriff. Keine der VAs hat ein persönliches Postfach, alle sehen alles. Das hat den Vorteil, dass, falls tatsächlich eine VA unvermittelt ausfallen würde, nichts in deren Postfach versauert. Andere können jederzeit einspringen. Bei internen Mitarbeitern ist das oft nicht so ...

> **Keine Mail kann im Postfach versauern.**

Die Mails der Mieter landen also in diesem allgemeinen Postfach. Je nachdem, welches Anliegen dieser hat, wird diese Mail mit unterschiedlich farbigen Labels versehen.

Die Labels sind für alle sichtbar und besagen, welche Prozesse hier relevant oder welche VAs zuständig sind. So weiß jeder auf den ersten Blick, ob und was gegebenenfalls mit dieser Mail getan werden muss.

Die Vergabe der Labels geschieht potenziell durch alle, die auf dieses Postfach Zugriff haben: Die VAs fischen sich „ihre“ Zuständigkeiten oft selbst heraus und bearbeiten sie oder labeln sie für die Kollegin.

Falls sich eine E-Mail nicht zuordnen lässt, weil sie außerhalb der Regelabläufe liegt, bekommt diese übrigens ein blaues Label. Diese Mails landen alle bei mir. Warum und was ich damit mache, das liest du im nächsten Kapitel.

Digitale Weichenstellung

Die wichtigste Botschaft, die ich dir an dieser Stelle mitgeben möchte, ist: Mache dir klar, welches Ziel du mit und für deine Organisation erreichen möchtest. Und richte anschließend die Strukturen so ein, dass alle regelhaften Prozesse auf dieses Ziel zulaufen.

Ist es dein Ziel, dass du und deine Organisation so weit wie möglich frei von Raum und Zeit arbeiten könnt, ist dein erster Schritt immer, die Weichen in Richtung Digitalisierung zu stellen.

Deine Schritt-für-Schritt-Anleitung für deinen 10X-Verwaltungsalltag

1. Lege den Zielzustand deiner Verwaltungsabläufe fest.
2. Ist dein Ziel, ein digitales Unternehmen aufzubauen, dass dich und deine VAs möglichst frei von Raum und Zeit arbeiten lässt: Schaffe die Voraussetzung, indem du alle Vorgänge so früh wie möglich auf die digitale Ebene lenkst.
3. Von dieser Ebene aus lassen sich Aufgaben wesentlich einfacher zuordnen und weltweit zur Erledigung weiterreichen.
4. Gehe alle deine Verwaltungsvorgänge durch und baue sie auf dieses Ziel hin um.

So musst du dich um die Unregelmäßigkeiten nicht selbst kümmern

Eine Unregelmäßigkeit in deinem 10X-System kann alles sein, was nicht wie im Prozess vorgesehen läuft und dir doppelt auf die Füße fällt: Sie verursacht Ärger und Stress – und vor allem kann sie dich ungeplant wertvolle Zeit kosten, die du viel ertragreicher für etwas einsetzen könntest. Mithilfe von VAs kannst du dich von diesen Zeitfressern befreien.

Fehlerrisiko

Unregelmäßigkeiten im Sinne von Fehlern sind der klassische Fall: Jemand erledigt eine Aufgabe für dich, und du hast drei Optionen, mit dem Ergebnis umzugehen:

Entweder hast du hinreichend Vertrauen, dass derjenige keine Fehler macht, oder die Aufgabe ist niedrigschwellig genug, dass du eventuelle Fehler tolerierst.

Oder du selbst übernimmst stets die Überprüfung, damit auch ja alles in deinem Sinne passiert – egal wie groß dein Unternehmen ist. Ich erinnere mich an die ehemalige Bürgermeisterin eines Ortes im Speckgürtel von Berlin, wo ich unter anderem investiere. Sie hatte im Rathaus die Order herausgegeben, dass kein einziger Brief das Rathaus verlassen durfte, ohne dass sie ihn gesehen und abgezeichnet hatte. Du kannst dir vorstellen, wie (in)effizient dieses Rathaus arbeitete. Und wenn sie eine Woche in Urlaub war, dann gab es tatsächlich eine Woche lang keine einzige Aussendung, noch nicht mal eine kleine Auskunft aus dem Einwohnermeldeamt. Offensichtlich kannst du deine Organisation so führen. Zumindest wenn du eine Behörde bist. Der Erfolg und die Effizienz deines eigenen Unternehmen würde allerdings massiv unter so einer Vorgehensweise leiden.

Dein Unternehmen könnte massiv leiden.

Die dritte Option ist, dass du für diese Prüfprozesse VAs engagierst. Es gibt keinen Bereich, für den das nicht möglich ist.

Im vorletzten Kapitel habe ich das VA-Universum mit einem Kletternetz auf Spielplätzen verglichen: Nach der anfänglichen Gewöhnungsphase eroberst du immer weitere Teile des Netzes, weil du dich darin bewegen und es nutzen lernst. Du lernst, dass du deine VAs zum Beispiel gegenseitig ihre Arbeit kontrollieren lassen kannst. Du lernst auch, an welchen Stellen du vielleicht eine weitere VA als Zusatzsicherung einbauen solltest, um auch die letzten Fehlerquellen auszumerzen.

So minimierst du diese Art von Unregelmäßigkeit extrem, um die du dich theoretisch noch selbst kümmern müsstest.

Was allerdings, wenn eine VA selbst die Unregelmäßigkeit verursacht, weil sie ausfällt?

Ausfallsrisiko

Ich hatte es schon erwähnt: Dass eine VA ausfällt, ist eine absolute Seltenheit. VAs werden – anders als bei Angestellten – meiner Erfahrung nach nicht krank, Urlaub und Feiertage sind sowieso kein Thema. Aber unmöglich ist ein plötzlicher Ausfall dennoch nicht. Diesem Risiko kannst du relativ einfach vorbeugen.

Bei VAs ist es im Grunde wie bei Immobilien: Hast du nur eine Immobilie und der Mieter zahlt nicht, hast du 100-%-Zahlungsausfall und ein Problem. Hast du nur eine VA und diese fällt aus, hast du dasselbe Problem.

Hast du zwei – Wohnungen oder VAs –, brechen dir in so einer Situation schon mal nur 50% weg. Und je mehr du von beidem hast, desto geringer ist dein Risiko. Deshalb möchte ich dich dazu animieren, nicht das Auftragsvolumen bei einer VA unendlich auszubauen, sondern dich von Beginn an zu diversifizieren. Das hat darüber hinaus den charmanten Vorteil, dass du die Qualität deiner VAs in ihrem absoluten Spezialgebiet voll nutzen kannst.

> **VAs und Immobilien:**
> **Je mehr du hast, desto geringer dein Risiko.**

Ich selbst beschäftige tatsächlich derzeit 52 VAs und fahre hervorragend damit. Wie ich diese große Zahl organisiert bekomme, werde ich in Kapitel 5.7 aufzeigen.

Wenn du deine VAs noch dazu nicht an ein und demselben Ort sitzen hast, minimierst du sogar noch das Risiko, dass zum Beispiel ein Ausfall des Internets in einer Region für eine Unregelmäßigkeit in deinen Abläufen sorgt.

Noch ein Tipp aus meiner Praxis: Jede meiner VAs ist verpflichtet, ihre Prozesse zu dokumentieren. Sie nutzen dafür das Tool Loom, das die Vorgänge auf dem Bildschirm aufzeichnet ebenso wie die mündliche Erläuterung dazu. Diese Dokumentation wird von einer fachfremden VA überprüft: Könnte sie den Prozess dank des Videos bearbeiten oder hat sie Rückfragen?

Doch ob Fehler oder Ausfall: Im Grunde ist jede Unregelmäßigkeit für den 10X-Investor ein Geschenk.

Ein Geschenk

Ich gebe zu: Es ist ein Geschenk in dorniger Verpackung, denn zunächst stört jede Unregelmäßigkeit. Aber tatsächlich bietet sie dir die Chance, deine Organisation runder und unabhängiger zu machen. Denn wenn du feststellst: „Hier ist etwas, das läuft nicht so, wie ich es mir vorstelle“, kannst du es umgestalten.

Dank der VAs stehen dir dafür unendliche Ressourcen zur Verfügung, die nur begrenzt sind durch den Geldaufwand und das Vertrauen, das du aufbringen musst. Ansonsten kannst du hier völlig frei agieren. Auf diese Weise wird die Zahl der Unregelmäßigkeiten Stück für Stück kleiner. Und irgendwann kommt eine Zeit, in der du dir ein paar Unregelmäßigkeiten wünschst, um dein System noch besser zu machen.

Irgendwann wünschst du dir ein paar Unregelmäßigkeiten.

So freute ich mich zumindest im Nachhinein, als völlig unerwartet zwei meiner VAs zeitgleich ausgestiegen sind – du erinnerst dich: die einzigen beiden VA-Ausfälle, die ich je hatte. Das war schon ein Mini-GAU, denn die beiden hatten sich auch noch gegenseitig vertreten in einem Bereich, in dem gerade viel Arbeit anfiel. Und was passierte? Na ja, erst einmal habe ich diese Aufgaben selbst übernommen.

Das hatte aber zwei gute Seiten: Erstens fand ich in diesem schon sehr ausgeklügelten Prozess, den die beiden bearbeiteten, noch zwei kleine Verbesserungsmöglichkeiten. Und zweitens schuf ich ein neues Vertretungssystem.

Es gibt seither nicht nur VAs, die im Team arbeiten und sich gegenseitig vertreten. Es gibt darüber hinaus in jedem Team mindestens eine weitere Kraft, die wie ein Einwechselspieler am Rand bereitsteht. Diese ist verpflichtet, sich in den relevanten Prozessen fortzubilden und einmal im Monat im Austausch mit dem Team zu sein, um für den Fall der Fälle einschreiten zu können.

Deshalb sage ich zu Unregelmäßigkeiten: Immer gerne her damit! Ich mache mein System einfach nur immer besser!

Unregelmäßigkeiten: Immer gerne her damit!

Wichtig ist dabei nur ein Punkt ...

Zwei Lösungen

Auf deinem Weg zum 10X-Investor darfst du dir immer bewusst sein: Du kannst die Unregelmäßigkeiten selbst erledigen – tue es aber nur, wenn du es unbedingt möchtest.

Deine Kernaufgabe in deinem Unternehmen ist es, dir die Unregelmäßigkeiten anzusehen und dir Veränderungen in deinem System zu überlegen, damit diese nicht mehr auftauchen. Selbst dabei können deine VAs dir helfen.

Selbst dabei können deine VAs dir helfen.

In meinem System ist es so, dass Unregelmäßigkeiten, von denen eine VA meint, dass nur ich sie lösen kann, in unserem E-Mail-Fach mit einem blauen Label versehen werden. Unser Prozess sieht darüber hinaus vor, dass diejenige, die eine Mail mit einem blauen Label versieht, mir gleichzeitig eine Mail schickt, warum sie diese blau gemacht hat – also welche Information ihr zum Beispiel gefehlt hat. In dieser Mail stehen dann zwingend auch zwei Lösungen, damit diese Unregelmäßigkeit nicht mehr auftaucht.

Die einzige Lösungsmöglichkeit, die ich definitiv nicht akzeptiere, ist: „Markus, du sagst mir, was ich tun soll." Das ist keine Lösung, sondern Arbeitsverweigerung!

Dieses System sorgt inzwischen auch dafür, dass ich mich um unglaublich viele Unregelmäßigkeiten gar nicht mehr selbst kümmern muss – aber auch dazu mehr im 10X-Kapitel 5.7.

Im nächsten Kapitel erfährst du zunächst, wie du dich aus deinen haptischen Fesseln aus Briefen und Ablage löst.

Deine Schritt-für-Schritt-Anleitung für deinen 10X-Umgang mit Unregelmäßigkeiten

1. Schaffe Prüfprozesse, um Unregelmäßigkeiten im Sinne von Fehlern zu vermeiden.
2. Binde dich in diese Prüfprozesse möglichst wenig selbst ein.
3. Erledige die Unregelmäßigkeiten nicht selbst, sondern entwickle einen Prozess, damit dieselben Unregelmäßigkeiten nicht noch einmal auftreten.
4. Schaffe Sicherheitsnetze in deinem VA-System, indem du es diversifizierst: mehrere VAs statt einer für eine größere Aufgabe mit jeweils einem potenziellen Vertreter.
5. Begrüße jede Unregelmäßigkeit wie ein Geschenk: Sie gibt dir die Chance, dein System noch runder zu gestalten.

So wirst du den Papierkram los

Papiere wie Briefe, Belege oder Verträge sind zwar nicht ganz so immobil wie Immobilien, sie sind aber dennoch an einen Ort gebunden: Sie kommen irgendwo an und können erst einmal nur dort weiterverarbeitet werden. Von überall auf der Welt spontan darauf zugreifen und womöglich gleichzeitig von verschiedenen Plätzen – das geht nicht. Der Papierkram hindert dich also daran, mit deinen Immobilieninvestments frei von Raum und Zeit zu agieren.

> **Der Papierkram hindert dich, frei von Raum und Zeit zu agieren.**

Wie sehr Immobilieninvestoren mit dieser Herausforderung kämpfen, habe ich unter anderem an meinem Podcast beobachtet: Die Zugriffszahlen zu der entsprechenden Folge gingen durch die Decke.

Podcast:

Die gute Nachricht ist, dass es Lösungen für diese Herausforderung gibt, die nicht nur dafür sorgen, dass der Papierkram auf das absolute Minimum reduziert wird, sondern auch die Prozesse ungleich effizienter machen. Das fängt beim Posteingang an und hört bei der Archivierung auf.

Nachsenden?

Im Kapitel 5.3 habe ich dir vorgestellt, wie wir es in meinem Unternehmen schaffen, praktisch jede Kommunikation mit Mietern als E-Mail zu erhalten. Dennoch bekommen natürlich auch wir immer noch Briefe, von Mietern eher vereinzelt, von Ämtern und Dienstleistern schon häufiger. In Briefform tatsächlich zu sehen bekommen wir diese allerdings nicht, denn wir lassen unsere Post zunächst digitalisieren. Dafür gibt es im Wesentlichen zwei Varianten.

Die eine Variante ist: Es gibt einen Nachsendeauftrag für deine Post. Das heißt, die Post kommt nicht bei dir an, sondern sie wird umgeleitet an ein Scancenter, das andernorts sitzt. Dort werden die Schreiben eingescannt und dir per Mail zugeschickt.

Das hat jedoch gleich zwei Nachteile: Erstens hast du eine zeitliche Verzögerung in diesem Prozess von mehreren Tagen. Zweitens: Wann immer du Umschläge erhältst, auf denen steht „Nicht nachsenden, sondern mit korrigierter Anschrift zurück!“, werden diese zurückgeschickt – und zwar nicht mit korrigierter Anschrift, sondern mit Hinweisen wie „Empfänger nicht erreichbar“ oder „Empfänger verzogen“.

Leider steht diese Rücksendeanweisung vor allem auf Schreiben von Ämtern, Gerichten und Banken – also auf Briefen, die du wirklich haben möchtest. Das hat wiederum die Folge, dass du zweimal im Jahr die Polizei vor der Tür stehen hast: Irgendeines der Ämter, das deinen Brief zurückbekommen hat, sagt dem Ordnungsamt Bescheid. Und mangels Kapazität bittet das Ordnungsamt die Polizei doch mal nachzusehen, ob du unter dieser Adresse noch zu finden bist. Beim ersten Mal ist dieser Besuch der Polizei noch ganz unterhaltsam, aber spätestens ab dem dritten Mal nur noch lästig.

> **Zweimal im Jahr hast du die Polizei vor der Tür stehen.**

So etwas kannst du dir sparen, wenn du die zweite Variante nutzt.

Direkt senden!

Bei diesem Modell bekommst du von dem Serviceanbieter eine spezifische Adresse. Die lautet zum Beispiel „Max Mustermann, Scanbox 123456, Beispielstr. 24, 54321 Musterstadt“.

Diese Adresse gibst du nach außen: an deine Mieter, an deine Lieferanten, an Ämter etc.

Mini-Loop für deine umsatzsteuerrelevanten Belege: Wählst du diese Variante, teile deinem Auftragnehmer mit, dass du eine Postanschrift UND eine Rechnungsanschrift hast. Auf der Rechnung muss er bitte links oben deine Postanschrift vermerken und auf der rechten Seite die Rechnungsanschrift. Nur dann kannst du die Umsatzsteuer geltend machen. Bei großen Dienstleistern ist das in der Regel kein Problem. Kleineren Anbietern oder Handwerkern schickt deine VA besser ein Muster für die Rechnung mit, damit das klappt.

Du kannst übrigens immer entscheiden, ob du die Originale zugesandt haben willst oder musst oder ob sie vernichtet werden können.

Drei große Vorteile hat diese Methode: Zum einen sparst du dir die tagelange Verzögerung, in der Regel hast du den Scan innerhalb von 24 Stunden in deinem Mailpostfach. Zum Zweiten hast du das Nachsendeproblem nicht.

Und drittens arbeiten diese Services wie zum Beispiel Caya und Dropscan nicht nur DSGVO-konform. Sie arbeiten auch so, dass die gescannten Belege vom Finanzamt als Ersatz für die Originalbelege anerkannt werden. Dafür musst du nur eine Verfahrensdokumentation nachweisen, die in diesem Fall extrem kurz ist.

> **Die gescannten Belege werden als Ersatz für die Originalbelege anerkannt.**

Du schreibst: „1. Meine Belege werden abweichend von meiner Meldeadresse an folgende Anschrift gesendet: XY. 2. Die Firma ABC erledigt dort die Annahme, die Erfassung sowie den Scan des Schreibens einschließlich des Umschlags mit Eingangsstempel zum Nachweis des zeitnahen Scans." Diese beiden Sätze befreien dich davon, solche Belege in Papierform über Jahre für die Behörden aufzubewahren.

Allein das ist bereits großartig. Großartig ist aber auch, wie du mit diesen gescannten Belegen strukturiert weiter umgehen kannst.

Hinweis:
Den genauen Vorgang und die Formulierung stimmst du bitte für deinen individuellen Einzelfall mit deinem Steuerberater ab.

Direkt verarbeiten

Ich habe es weiter vorne schon angedeutet: In meinem System landen praktisch alle E-Mails in einem zentralen Postfach, auf das auch meine VAs Zugriff haben.

Wer von diesen dazu kommt, versieht die eingehenden Mails mit farbigen Labeln: Jede VA hat eine Farbe, es gibt auch Farben für Prozesse. Orange steht zum Beispiel für Buchhaltung, Hellbraun heißt „Buchhaltung plus Nebenkosten“, Rot bedeutet „zu zahlen“. Eine Mail kann auch mit mehreren Farben versehen werden, die dringlichste Farbe liegt obenauf. Ist dieser Part erledigt, wird dieses Label entfernt, sodass die weiteren Farben zum Vorschein kommen.

Zugegebenermaßen gehen uns schon langsam die Farben aus, weil ich einfach eine große Zahl an Einheiten und VAs habe, aber noch kriegen wir das hin.

Ich zeige anhand eines Beispiels, wie das bei uns läuft. Sagen wir, es kommt ein Beleg, der zu bezahlen und nebenkostenrelevant ist. Der muss also an drei Stellen verteilt werden: in „zu bezahlen“, in die Nebenkosten und in die Buchhaltung.

Ein Beleg kann auch an drei Stellen verteilt werden.

In der Buchhaltung haben wir in der Dropbox eine Ordnerstruktur für jedes Jahr, jeden Monat und die unterschiedlichen Objekte. Dort werden diese Belege gesammelt und einmal im Monat ins DATEV-Unternehmen online hochgeladen, wo sie auch verbleiben. Das heißt, wir haben immer alle Belege im Zugriff – über Jahre hinweg. Und damit wir sie gegebenenfalls wiederfinden, haben diese standardisierte Dateinamen.

Darüber hinaus kommt der Beleg in den separaten Dropbox-Ordner „Nebenkosten“, der nach Objekt und Jahr strukturiert ist, sowie in den Ordner „zu bezahlen“.

Bevor die E-Mail selbst nun in einen Objektordner „E-Mail-Posteingang“ verschoben wird, wird die fällige Zahlung durch eine VA in unserem Banking-Programm voreingestellt. Diejenige kann selbst nicht zahlen, sie sieht auch keine Salden.

Einmal in der Woche leitet die einzige Person, die tatsächlich in meinem Büro sitzt und vollen Kontozugriff hat, den Zahlungslauf ein: Sie öffnet das Banking-Programm und parallel den Ordner „zu bezahlen“. Sie checkt die Rechnungen, ob diese gerechtfertigt, korrekt ausgestellt etc. sind. Wenn ja, löst sie die voreingestellte Zahlung aus und löscht den Beleg aus diesem Ordner – da brauchen wir ihn jetzt nicht mehr. Dieser Prozess ist gleichzeitig eine Minikontrolle: Sind die voreingestellten Zahlungen im Banking-Programm rausgegangen, sollte der Belegeordner leer sein. Das funktioniert seit vielen Jahren zuverlässig und zeitlich sehr effizient. Mahnungen bekommen wir in der Regel keine.

> **Dieser Prozess ist gleichzeitig eine Minikontrolle.**

Du siehst an diesem Beispiel: Diesen Prozess könnte ich theoretisch alleine durchführen. Er ist jedoch auch so gestaltet, dass er auf mehrere andere verteilt werden kann. Und er schafft die Voraussetzung dafür, dass die VA, die sich um die Nebenkosten kümmert, die Abbuchung der entsprechenden Rechnung zum Beispiel in unserem Hausverwaltungsprogramm immocloud sieht. Sie kann parallel jederzeit im Ordner „Nebenkosten“ für dieses Objekt in der Dropbox nachsehen, welcher Beleg das war und diesen in immocloud hinterlegen. Sollte ein Mieter nach der Nebenkostenabrechnung fragen und Belege für die letzten Jahre haben wollen, liegen diese in dem Dropbox-Ordner ebenfalls jederzeit griffbereit. Ich liebe es!

Aus klein mach digital

Eine kleine Ergänzung noch zu dem Scanthema: Nach wie vor bekommst du manche Belege nur in Papierform. Das kann eine Visitenkarte sein, ein Parkticket oder die Rechnung des kleinen Hotels, das sich nicht in der Lage fühlt, dir den Beleg per E-Mail zuzusenden. Meine Empfehlung ist, diese kleinen Dinge sofort mit einer Scan-App auf deinem Handy zu digitalisieren.

Alternativ machst du es wie ich: Ich nutze die biologische Schnittstelle namens „Tochter", die einmal im Monat bei mir im Büro vorbeikommt und die Zettel auf einen intelligenten Scanner legt. Der übernimmt dann auch gleich die intelligente Weiterleitung in den richtigen Ordner.

So weit, so gut. Doch was machst du mit den 70 Metern Aktenordner in deinem Schrank? Schließlich brauchst du für deine Bestandsdokumente ebenfalls eine Lösung.

70 Meter Bestandsdokumente

Im Endeffekt handelt es sich um die gleiche Lösung wie für deine Eingangspost: Du brauchst ein Scancenter.

Das kann theoretisch dieselbe biologische Schnittstelle „Tochter" sein. Es kann aber auch ein Scancenter à la Caja oder Dropscan sein, das ohnehin schon deine Post einscannt. Das ist nur relativ teuer, wenn du viel einzuscannen hast.

Allerdings gibt es auch spezialisierte Scancenter, denen du ganze Ordner hinschicken kannst. Diese werden komplett durchdigitalisiert. Das Superpraktische daran ist, dass diese Dateien mithilfe von KI und nach einer gewissen Logik zusammengefasst, benannt und in Ordner sortiert werden, sodass du jedes Dokument auch gezielt wiederfinden kannst. Darüber hinaus sind diese PDFs nach Stichworten durchsuchbar. Das heißt, du digitalisierst dein Unternehmen damit nicht nur ein Stück weiter, sondern machst die Bestandsdokumente auch für deine VAs nutzbar.

> **Du machst die Bestandsdokumente für deine VAs nutzbar.**

Ein Beispiel: Stell dir vor, die VA, die für dich die Nebenkosten bearbeitet, hat ein neues Haus und fragt sich, wie groß wohl die Wohnung ist. Kein Problem, denn sie macht dazu einfach die digitale Bauakte auf. Sie muss bei niemandem nachfragen oder – im schlimmsten Fall – jemanden losschicken, der die Wohnung ausmisst. Alle Dokumente stehen digital zur Verfügung.

Kleiner praktischer Hinweis: Einige wenige Dokumente brauchst du nach wie vor im Original wie zum Beispiel alte Mietverträge oder Kaufurkunden. Natürlich kannst und solltest du auch diese digitalisieren, um sie in deine digitalen Workflows einbauen zu können. Im Zweifelsfall solltest du die Originale aber nicht entsorgen, sondern irgendwo einlagern für den unwahrscheinlichen Fall, dass du eines davon brauchst.

Mehr als ein Selbstzweck

Wichtig ist mir in diesem Kapitel, dass du erkennst, dass es kein Selbstzweck ist, den Papierkram abzuschaffen: Es ist die Voraussetzung dafür, dass du VAs sinnvoll und umfassend einsetzen kannst. Und es schafft dir einfach unfassbar viel Umstände vom Hals, die dich nur aufhalten.

Wenn du tiefer in dieses Thema einsteigen möchtest, empfehle ich dir meinen Podcast. Schicke mir gerne auch Vorschläge, welcher Prozess dich besonders interessiert: Dann mache ich eine Folge extra für dich – und alle anderen dürfen partizipieren.

Podcast:

Deine Schritt-für-Schritt-Anleitung für deine 10X-Papierfreiheit

1. Leite deine Eingangspost an ein Scancenter weiter, das die Digitalisierung übernimmt.
2. Hinterlege eine (kurze) Prozessdokumentation, damit du die Belege nicht mehr im Original aufbewahren musst.
3. Achte auch darauf, unvermeidliche Papierbelege, die sich bei dir sammeln, regelmäßig einscannen zu lassen.
4. Nutze die Digitalisierung, um deine Prozesse so zu strukturieren, dass du das Potenzial der VAs voll ausschöpfen kannst.
5. Lasse auch deine Bestandsdokumente digitalisieren, doch entsorge die Originale mit Bedacht.

So vervielfachst du deine Möglichkeiten

In das VA-Universum einzutauchen und mit ihrer Hilfe deine Strukturen so zu bauen, dass du mit deinen Immobilieninvestments frei von Raum und Zeit wirst: Das ist durchaus eine Herausforderung. Es liegt ein Berg von Aufgaben vor dir, die für dich zum großen Teil neu und ungewohnt sind.

Ich habe einen Rat für dich, wie du diese Herausforderung dennoch meisterst.

Mini-Mastermind, Maxi-Wirkung

In dieser Situation der Unsicherheit hilft es unfassbar, die ersten Schritte mit jemandem zusammen zu machen. Derjenige muss gar nicht weiter sein als du. Der kann sogar weniger weit sein als du. Wichtig ist nur, dass er grundsätzlich eine ähnliche Bereitschaft hat, diesen Weg zu gehen.

Das betrifft nicht nur die Zusammenarbeit mit VAs. Du kannst diesen Rahmen viel größer und weit über den Verwaltungsbereich hinaus fassen.

Mit diesem Jemand bildest du eine Mini-Mastermindgruppe. Es können auch zwei oder drei Personen sein, mit denen du dich zusammenschließt – größer würde ich den Kreis an deiner Stelle jedoch nicht machen. Das Prinzip ist einfach: Ihr trefft euch regelmäßig und tauscht euch zu euren Zielen aus – zum Beispiel, dass jeder von euch ein voll digitales Unternehmen gestalten möchte ohne feste Angestellte. Anschließend vereinbart ihr, welchen nächsten Schritt ihr geht. Entscheidend ist, dass jeder sich einbringt und jeder für sich in die Umsetzung kommt.

Entscheidend ist, dass jeder sich einbringt.

Die jeweiligen Schritte unternimmt jeder für sich allein. Das ist der Clou an diesem Konzept, denn so vervielfältigt ihr die Zahl der Wege, die ihr erprobt. Würdet ihr hintereinander hertrampeln und nur dem Vordersten die gesamte Entdeckerarbeit überlassen, hättet ihr diesen Effekt nicht. Ihr lauft in etwas Abstand auf dasselbe Ziel zu und sondiert unterschiedliche Herangehensweisen.

Zusatz: Es spricht aber natürlich nichts dagegen, dass ihr euch gegenseitig zum Beispiel VAs empfehlt. Wenn du richtig gute Erfahrung mit einer gemacht hast, gibst du das weiter, und umgekehrt. Nur bei den „Entdeckungsaufträgen" hat jeder seinen eigenen Weg zu gehen.

Bei den „Entdeckungsaufträgen" hat jeder seinen eigenen Weg zu gehen.

Alle paar Tage tauscht ihr euch zumindest kurz zu euren Erfahrungen und Ergebnissen aus und besprecht, wer welche Aufgaben bis nächste Woche angehen wird. Ein Wochenabstand ist dafür eine gute Frequenz.

Einmal im Monat sprecht ihr ausführlicher miteinander. Und einmal im Quartal trefft ihr euch intensiv, gerne im Rahmen einer Offsite von ein bis zwei Tagen. Dort könnt ihr die großen Themen wälzen und im Detail von euren Erfahrungen berichten: Was hat euch euer Weg gebracht? Was war gut, was war weniger gut, was ist richtig gut?

Das Großartige daran ist, dass ihr gegenseitig von euren Erfolgen, aber auch von den Fehltritten profitiert.

Euer Erfolgsfaktor

Seid ihr zum Beispiel eine Dreier-Combo, in der sich alle drei wirklich engagieren, geht es gar nicht anders, als dass euer Output bei über 300% liegt. Und eigentlich bei noch viel mehr, denn ihr erspart euch die Sackgassen, aus denen ihr euch erst wieder herausarbeiten müsst – das hat ja ein anderer für euch schon erledigt. Und wenn einer von euch erfolgreich war, können die anderen das sofort in ihrem System adaptieren.

Gleichzeitig bleibt ihr dadurch dran – und das ist mit einer der größten Punkte, warum ihr zu dritt deutlich über die 300% Output kommt: Jeder weiß aus seinem Alltag, dass es einen Riesenunterschied macht, wenn er ein Commitment gegenüber anderen eingeht. Euer Commitment heißt: Wir treffen uns regelmäßig und arbeiten dann zusammen.

> **Es macht einen Riesenunterschied, ein Commitment einzugehen.**

Das ist wie mit dem Besuch im Fitnessstudio: Hast du eine Verabredung dort, gehst du hin. Hast du keine, erscheint dir das Sofa schnell als valide Alternative – selbst wenn du weißt, dass es dir etwas bringen würde, zum Sport zu gehen. Das Commitment macht den Unterschied im Erfolg.

„Ach, und du machst schon etwas mit solchen virtuellen Assistenzen? Das ist ja interessant!“, sagt Enrico zu Julia.

Die beiden sitzen in dem gemütlichen Weinlokal, in dem sich jeden zweiten Montagabend der örtliche Immobilienstammtisch zusammenfindet. Es ist eine nette, bunt gemischte Runde, zu der Julia vor einem halben Jahr gestoßen ist.

Manche der Teilnehmer besitzen selbst offensichtlich noch keine Immobilie. Julia hat den Eindruck, dass es ihnen mehr darum geht, Gründe zu finden, warum sie sich KEINE Immobilien kaufen sollten. Da hält sie sich lieber an die anderen. Von denen besitzt die Mehrzahl einige wenige Immobilien, manche aber wohl viele. Der Austausch ist jedenfalls spannend, deshalb kommt sie regelmäßig.

Besonders angeregt unterhalten hat sie sich die letzten Male mit Enrico. Sie schätzt ihn auf ungefähr ihr Alter. Auch er hat sich für einen klaren Wachstumskurs entschieden, ist aber noch im Aufbau. Ihre Situation ist gar nicht so unähnlich.

„Ja, ich habe tatsächlich vor Kurzem angefangen, kleinere Aufgaben an VAs auszulagern. Das klappt super!“, erwidert sie und dreht ihr Weinglas zwischen Daumen und Zeigefinger. „Ich glaube aber, dass da noch viel mehr geht. Ich wünschte, ich hätte mehr Zeit, mich da hineinzuvertiefen ..."

„Immerhin bist du schon weiter als ich!", sagt Enrico. „Ich habe bis jetzt nur von diesen VAs gehört und mir ausgemalt, wie cool das wäre, wenn ich mehr und mehr an diese Leute abgeben könnte. Mein Wunschtraum ist, dass ich mich um die ganzen Alltagsaufgaben nicht mehr selbst kümmern muss, sondern mich ganz auf das gesteuerte Wachstum konzentrieren könnte."

„Da haben wir etwas gemeinsam", lächelt Julia. „Christian und ich wollen auch irgendwann soweit sein, dass unser Laden ohne uns läuft und wir beide zeitlich und örtlich ungebunden sind."

„Und ihr glaubt, das geht?", fragt Enrico.

„Ich bin sogar absolut davon überzeugt!", antwortet Julia fest. „Ich werde Wege finden."

„Großartig!", sagt Enrico und hebt sein Glas. „Dann lass uns auf unseren Traum anstoßen."

Die Weingläser klingen, beide nehmen einen Schluck.

„Sag mal", setzt Enrico an, „hättest du vielleicht Lust, dass wir uns gegenseitig unterstützen? Schließlich haben wir dasselbe Ziel. Wir könnten uns zum Beispiel die Recherche zu manchen Themen teilen."

Julia ist Feuer und Flamme: „Das ist super, denn dann kommen wir mindestens doppelt so schnell voran. Wir könnten uns hier und jetzt etwas suchen, mit dem wir anfangen können!"

„Hast du einen Vorschlag?"

„Was hältst du davon, dass wir uns anschauen, wie wir am besten unsere Unterlagen digitalisiert bekommen: welche Anbieter es gibt, auf was wir achten müssen etc.?", Julia hat schon ganz rote Wangen vor Aufregung.

Enrico lässt sich von ihrer Begeisterung anstecken: „Perfekt! Und beim nächsten Treffen erzählen wir uns, was wir herausgefunden haben."

„Genau! Nächste Woche wieder hier – abgemacht?", Julia steht auf und hält Enrico fast feierlich die Hand hin.

Er schlägt ein und sagt entschlossen: „Abgemacht!"

In einer Mini-Mastermindgruppe schaltest du dich mit Gleichgesinnten zusammen, ihr geht in die gleiche Richtung, ohne ein gemeinsames Projekt oder Unternehmen zusammen zu haben – jeder macht seines. Es ist nicht ausgeschlossen, dass ihr irgendwann feststellt, dass ihr auch mehr zusammen machen wollt. Aber der Sinn der Mastermind ergibt sich zunächst nur aus dem gegenseitigen Commitment, dem zuverlässige Abarbeiten der „Hausaufgaben“ und dem regelmäßigen Erfahrungsaustausch. So katapultiert ihr euch gegenseitig voran.

Wie ihr dann auch noch auf die 10X-Ebene als Immobilienunternehmer kommt, das verrate ich euch zum Abschluss dieses Teils auf den kommenden Seiten.

Deine Schritt-für-Schritt-Anleitung für deine 10X-Möglichkeiten

1. Halte Ausschau nach Gleichgesinnten, die dasselbe Ziel wie du vor Augen haben.
2. Tut euch zu zweit, zu dritt oder maximal zu viert zusammen zu einer Mini-Mastermindgruppe.
3. Einigt euch, welche Schritte ihr jeweils als Nächstes angehen möchtet, und verteilt „Hausaufgaben“.
4. Tauscht euch im Wochenrhythmus kurz zu euren Erfahrungen aus, setzt euch einmal im Monat länger und einmal im Quartal sehr ausführlich zusammen.
5. Gemeinsam kommt ihr im 10X-Tempo voran.

So lässt du deine 10X-Organisation sich selbst skalieren

Hast du alle Schritte, die du in diesem Buch bis hierher kennengelernt hast, für dich abgehakt, bist du einen weiten Weg gegangen: vom 1X-Immobilienanleger zum 10X-Immobilieninvestor bis hin zum 10X-Immobilienunternehmer – meine Gratulation schon einmal dazu.

Doch noch bist du selbst in viele Dinge eingebunden: Du arbeitest sowohl IN als auch AN deinem Unternehmen. Wenn es das ist, was du möchtest: Klasse, dann mach weiter so.

Wenn du aber noch einen Schritt weitergehen, dich wahrhaft von Raum und Zeit befreien sowie Wachstum auf einem noch höheren Level möglich machen möchtest, dann zeige ich dir in diesem Kapitel, wie deine Organisation ganz ohne dich immer besser wird.

Effizienz statt Ego

Wärst du mit einem ganz normalen Unternehmen in diesem Wachstumsstadium angekommen, würde ich dir als Unternehmensberater empfehlen, Hierarchien einzuziehen. Doch dein Ziel ist ja, deine Organisation frei von Raum und Zeit zu gestalten – das heißt, ohne festangestellte Mitarbeiter und die entsprechende Infrastruktur und stattdessen mit VAs, die selbst wie Unternehmer agieren.

Als ich an diesem Punkt stand, hatte ich folgende Überlegung: Diese VAs sind die absoluten Experten für Outsourcing. Warum also nicht diese Experten einbinden, um die nächste Stufe meines Outsourcings zu gestalten?

> **Warum nicht diese Experten einbinden, um mein Outsourcing zu gestalten?**

Die Umsetzung dieser Idee geschah dann nicht von heute auf morgen, sie hat sich über längere Zeit entwickelt – auch weil ich keine Lust mehr hatte, ständig mit Dutzenden von VAs zu sprechen. Ganz zu Beginn holte ich noch alle virtuell zu meiner wöchentlichen Teambesprechung dazu, doch bald musste ich blättern, um alle zu sehen. Das ergab keinen Sinn mehr. Ich erwischte mich selbst dabei, dass ich mich – wie in den klassischen Mitarbeiterversammlungen – an dem Anblick labte, wie viele Menschen ich um mich habe. Das mag gut für das Ego sein, ist aber nicht gut für die Effizienz.

Das mag gut für das Ego sein,
aber nicht für die Effizienz.

Also pickte ich aus den verschiedenen Bereichen jeweils eine VA heraus, der ich den Hut für die jeweiligen Prozesse und Teams aufsetzte. Ich verzichte auf jeglichen Titelfetischismus, diese VAs haben einfach den Auftrag, sich darum zu kümmern, dass der Bereich läuft. Und sie agieren als Kommunikationsschnittstelle: Dinge, die sie im Team nicht lösen können, geben sie eine Etage nach oben.

Die Etage darüber bin aber nicht ich.
Das ist meine persönliche VA.

Eine VA mit Übersicht

Früher gab es in jedem Unternehmen eine Institution namens Chefsekretärin: Das waren gestandene Damen, die ausgezeichnet Bescheid wussten, was wo in der Firma läuft. Ihre Hauptaufgabe war, ihrem Chef den alltäglichen Blödsinn vom Hals zu halten – deshalb waren sie als Vorzimmerdrachen verschrien, gerade wenn sie ihren Job gut gemacht haben.

Meine persönliche VA ist definitiv kein Drache, sondern eine wundervolle Person, mit der ich schon lange arbeite. Und sie übt in meinem Unternehmen quasi die Rolle der Chefsekretärin aus.

Hat nun ein VA-Team eine Herausforderung, die es selbst nicht lösen kann, weil zum Beispiel eine Information fehlt, wendet es sich an diese VA. Diese muss das Problem gar nicht selbst lösen können. Da sie jedoch einen Überblick über alle Teams hat, kann sie wahrscheinlich sagen, welches Team über diese Information verfügt. Und sie wird mit beiden Teams zusammen überlegen, wie sie für die Zukunft sicherstellen können, dass die Ressource Information rechtzeitig weitergereicht wird. Sie entwickeln also selbstständig einen Workflow, damit diese Störung nicht mehr auftritt – ohne dass ich auch nur eine Minute involviert bin.

Die Teams entwickeln selbstständig einen Workflow.

Meine VAs dürfen vieles selbstständig entscheiden. Nur in zwei Situationen sind sie dazu verpflichtet, mich vorher zu fragen.

Meine großartigsten Besprechungen

Die erste Situation ist, dass sie für einen neuen oder optimierten Prozess mehr als 500 € pro Monat extra ausgeben müssen. 500 € sind eine ganze Menge, sie haben damit einen ganz schön großen Handlungsspielraum. Das führt dazu, dass sie die Prozesse laufend und selbstständig optimieren.

Ich werde über diese Veränderungen nur noch informiert. Das sind aus meiner Sicht die großartigsten Besprechungen, in denen mir erklärt wird, was wir jetzt alles anders machen. Seit das läuft, habe ich allerdings eine Herausforderung, wenn mich Teilnehmer fragen, wie wir dieses oder jenes ganz genau lösen: Oft genug muss ich sie mit der Antwort vertrösten und selbst erst einmal nachfragen.

Ich muss oft selbst erst einmal nachfragen.

Umgekehrt habe ich auch schon mal tolle Tipps von Teilnehmern mitgenommen, nur um von meiner persönlichen VA zu erfahren: „Machen wir schon so. Nur dieser Teil hat sich nicht so bewährt, deshalb machen wir den inzwischen ein bisschen anders." Wundervoll, nicht wahr?

Du darfst dich in einem solchen VA-System an das Bild gewöhnen, dass du keine Mitarbeiter, sondern mitdenkende Arbeiter beschäftigst, die alle selbst Unternehmer sind. Das ist ein echter Gamechanger in allen Bereichen.

Wie gesagt: Das funktioniert nicht von heute auf morgen, aber es ist möglich.

Menscheleien

Die zweite Situation, in der meine VAs mich vor einer Entscheidung fragen müssen: Sie dürfen selbst keine VA rausschmeißen. Das heißt, wenn im Team beschlossen wird, eine VA nicht weiter zu beschäftigen, möchte ich das wissen.

Mit dieser Regel wollte und will ich vermeiden, dass eine Trennung aufgrund von individuellen Animositäten ausgesprochen wird. Ich habe es in meiner Konzernzeit zu oft erlebt, dass den Falschen gekündigt wurde und die Firma darunter leiden musste.

Es ist allerdings bezeichnend für das VA-System, dass diese Situation noch nie vorgekommen ist. Es gibt diese persönlichen Auseinandersetzungen einfach nicht.

> **Persönliche Auseinandersetzungen gibt es einfach nicht.**

Das, was im Büro der ganz normale Wahnsinn ist – wer hat meinen Joghurt genommen, wer fand das Kantinenessen heute gut oder schlecht, Heizung an oder Heizung aus, Fenster auf oder zu –, findet unter VAs schlichtweg nicht statt. Sie sitzen nicht im selben Gebäude, sie begegnen sich allerhöchstens am Bildschirm und haben über ihre Aufgaben hinaus keine Berührungspunkte. Es kommt erst gar nicht zu diesen allzu menschlichen Reibungspunkten. Ich kann dir gar nicht sagen, was für eine Erleichterung das für ein Unternehmen ist.

Unter die 500-€-Regel fällt übrigens auch die Hinzunahme von weiteren VAs. Damit habe ich ebenfalls nichts mehr zu tun.

Eine sich selbst skalierende Akquise

Meist geht es bei diesen Ergänzungen um Kleinigkeiten wie eine zusätzliche Funktionalität oder jemanden, der ein, zwei Stunden extra macht. Daher reichen die 500 € immer, um jemanden erst einmal mit einzustellen.

Meine persönliche VA geht dabei so vor: Angenommen, die Kapazität wird in der Buchhaltung gebraucht. Dann ruft sie als Erstes in das Team hinein, dass Unterstützung gebraucht wird und ob ein Teammitglied eine entsprechende Kraft kennt. Und wer sollte besser jemanden kennen als Leute, die sich mit dem Thema beschäftigen und diesen Lebensstil pflegen? Deshalb kommt praktisch immer eine Empfehlung zurück.

> **Fragt man im richtigen Team, kommt praktisch immer eine Empfehlung zurück.**

Oft braucht es nicht einmal den Ruf in das Team, denn die VAs merken selbst, wenn es zu viel wird. Dass sie nicht nach einer Aufstockung fragen müssen, haben sie bereits gelernt: Zehn Stunden pro Woche sind Maximum. Viele VAs können uns nicht einmal die geben, weil sie so viele andere Auftraggeber haben. Die VAs schlagen also von sich aus weitere VAs vor.

Für den unwahrscheinlichen Fall, dass aus dem Team selbst kein Hinweis kommt, fragt meine persönliche VA in unserem gesamten VA-Stamm nach. Und für den noch unwahrscheinlicheren Fall, dass da auch nichts kommt, gibt es ja noch die Facebook-Foren.

Ich werde im Anschluss nur informiert, dass wir in diesem oder jenem Team eine zusätzliche VA haben. Ganz umsonst bekomme ich diese Selbstskalierung jedoch nicht.

Besprechung!

Für diese Selbstorganisation muss es einen gewissen zeitlichen Spielraum für die Teams geben. Deshalb dürfen meine VAs bis zu 30 Minuten pro Woche für Absprachen auf Teamebene abrechnen. Das kostet eine Menge Geld, weil das für alle gilt: In der Buchhaltung betrifft das zum Beispiel gleich fünf VAs. Sie rechnen jeweils 30 Minuten ab – also zweieinhalb Stunden mal 40 €, sprich 100 € pro Woche nur in diesem Team. Aber ich halte es für erforderlich, dass die sich gut miteinander absprechen.

Absprachen halte ich für erforderlich.

Das tun die in dieser Zeit auch, einen Kaffeeplausch wie im Konzern gibt es da nicht. Sie sprechen über konkrete Herausforderungen und mögliche Lösungen.

Darüber hinaus organisiert meine persönliche VA einmal im Monat ein allgemeines Teammeeting. Wegen der unterschiedlichen Zeitzonen verteilt sich das oft auf zwei Termine.

Besprochen werden übergreifende Verbesserungsvorschläge, Informationen über Zukäufe etc. werden verteilt und neue VAs im großen Kreis kurz als Person und mit ihrer Tätigkeit vorgestellt. Ich bin bei keinem dieser Treffen dabei. Nur ein oder zwei Mal im Jahr mache ich mir den Spaß, mich anonym einzuwählen. Meine persönliche VA weiß das, die anderen jedoch nicht. Es geht mir dabei nicht um Kontrolle, ich lehne mich eher mit einem guten Gefühl zurück und verfolge mit Freude das sich selbst skalierende Geschehen – wie im Kino.

Nur das Popcorn fehlt.

Dieses VA-System macht den Löwenanteil an meiner 10X-Organisation aus. Doch auch darüber hinaus habe ich unsere Strukturen möglichst einfach und stringent ausgerichtet, um frei in Raum und Zeit zu sein.

Ein Vertrag, ein Cappuccino

So arbeite ich grundsätzlich nur mit einem Vertrag: Ich habe EINEN Kaufvertragsentwurf und EINEN Verkaufsvertragsentwurf. Idealerweise habe ich gleichzeitig auch eine möglichst geringe Zahl an Notaren, also höchstens einen pro Standort oder Bereich.

Diese Notare arbeiten ausschließlich mit meinen Verträgen. Wenn die Gegenseite etwas daran geändert haben möchte, sprechen wir darüber, aber die Basis ist immer unser Vertrag. Gibt es Anmerkungen dazu, bin nicht ich es, der diese prüft: Ich habe jemanden, der das übernimmt. Der weiß aus unserer jahrelangen Zusammenarbeit, was aus meiner Sicht kritische und unkritische Änderungen sind. Und nur auf die kritischen Punkte werde ich aufmerksam gemacht: „Bist du damit einverstanden: ja oder nein?“

> **Ich werde nur auf die kritischen Punkte aufmerksam gemacht.**

Darüber hinaus gehe ich für die meisten Deals gar nicht selbst zum Notar. Bei allen Objekten aus unserem Immobilienhandelsgeschäft gehen meine Akquisiteure zu den Kauf- und Verkaufsterminen. Sie erledigen die notarielle Kaufurkunde. Ich dagegen genehmige diese in meiner wöchentlichen Cappuccino-Stunde bei meinem Bielefelder Notar zentral nach.

Ja, das verursacht zusätzliche Kosten in geringer Höhe für die Beglaubigung. Und ja, es bringt eine Woche Verzug in die Projekte. Auf der anderen Seite bringt es mir unendlich viel Freiraum – und das ist mir unendlich viel mehr wert.

Ich könnte meinen Akquisiteuren auch notarielle Vollmacht erteilen. Tue ich aber nicht, unter anderem weil ich den Cappuccino bei meinem Notar liebe.

Dasselbe gilt für Mietverträge: Wir haben einen Mietvertrag für Wohnen und einen Mietvertrag für Gewerbe. Der für die Gewerbe muss meist ein bisschen angepasst werden, aber die Basis ist immer dieselbe, daran wird nichts geändert. Der Mietvertrag für Wohnen dagegen wird so unterschrieben oder eben nicht.

Das Zauberwort lautet: Standards. Standards. Standards. In allen Bereichen.

Das 10X-Zauberwort

Ein Beispiel: die Renovierung von Wohnungen.

Dafür haben wir drei Standards: Basis, Mittel und Hoch. Je nach Objekt ist es meist relativ logisch, welcher Standard zum Einsatz kommt, und unsere Handwerker wissen dann auch, welche Ausstattungslinie zu wählen ist. Für jede Ausstattungslinie gibt es einen vorgegebenen Boden, entsprechende Fliesen, eine entsprechende Tapetensorte. Dank dieser Standards kann nichts mehr passieren. Es muss auch keiner mehr nachfragen: „Markus, welchen Wasserhahn bauen wir hier ein?"

Für diese Ausstattungen haben wir entweder ein Zentrallager oder einen zentralen Lieferanten mit Niederlassungen an meinen Standorten. Bei dem kaufen wir palettenweise Boden, den er für uns lagert. Sobald wir Bedarf haben, geben wir dort Bescheid, dass Handwerker XY in drei Tagen 150 Quadratmeter Vinyl samt Fußleisten bei ihm abholen darf. Oder wir lassen das an die Baustelle liefern, je nach Objekt.

Fliesen zum Beispiel lagern wir oft selbst ein und liefern sie bei Bedarf aus. Dinge wie Raufaser werden on demand gekauft, weil sie immer in rauen Mengen verfügbar sind. Bei Farbe nutzen wir einen zentralen Service, dessen Name passenderweise „Schlau" ist und der an unserem Investitionsstandort vertreten ist. Dort haben wir ein Firmenkonto und identifizieren die Personen, die abholberechtigt sind.

Und für 1000 Kleinigkeiten aus dem Baumarkt dürfen sich unsere Handwerker vertrauensvoll an unsere Hausmeister wenden und ihnen eine große Einkaufsliste mitgeben. So macht der teuer bezahlte Bauarbeiter das, was er am besten kann (nämlich bauen), wohingegen der Hausmeister das macht, was er am besten kann: zwischen den verschiedenen Objekten hin- und herfahren, wo er sowieso etwas zu erledigen hat.

Jeder macht das, was er am besten kann.

Für die Kommunikation gibt es zu jeder Baustelle eine WhatsApp-Gruppe, in die die beteiligten Handwerker, der externe Bauleiter, gegebenenfalls ein externer Sachverständiger und eben der Hausmeister eingeladen sind. Zusätzlich ist in dieser Gruppe mindestens die VA, die dieses Renovierungsprojekt betreut. Diese hat auch das Timing im Hinterkopf, um anschließend den Anstoß für den Vermittlungs- oder Verkaufsprozess zu geben.

So haben wir für all diese Abläufe standardisierte Prozesse entwickelt. Auch die Vermietungen laufen bei uns so. Wenn es dich interessiert, melde dich bei mir und dann mache ich dazu gerne eine Podcast-Folge.

Schritt für Schritt

So läuft mein Unternehmen unglaublich effizient – und vor allem läuft es weitgehend ohne mich. Es wird von Tag zu Tag besser, gerade weil ich so wenig involviert bin.

Für mich ist das ein Traumzustand!

Diesen Zustand habe ich nicht auf einen Schlag erreicht. Ich kann auch dir keine Hoffnung machen, dass es dir im

Handumdrehen gelingen wird, deine 10X-Organisation aufzubauen. Aber du kannst es schaffen, wenn du dich konsequent Schritt für Schritt auf dieses Ziel zubewegst.

Klingt das alles trotzdem zu einfach, um wahr zu sein und brauchst du nicht für das Gelingen eine Riesenportion Glück? Das kommt darauf an, wie du Glück definierst. Welche Definition du dir als 10X-Immobilieninvestor zu eigen machen solltest, erfährst du im nächsten Kapitel.

Deine Schritt-für-Schritt-Anleitung für deine sich selbst skalierende 10X-Organisation

1. Gib deinem VA-System eine sinnvolle Teamstruktur mit informellen Schnittstellenverantwortlichen.
2. Motiviere die Teams dazu, ihre Prozesse selbstständig zu optimieren, und gewähre ihnen einen Handlungsspielraum dafür.
3. Installiere eine VA, die als Kommunikationsschnittstelle für das ganze Unternehmen agieren und teamübergreifende Prozessoptimierungen anstoßen kann.
4. Räume den Teams Zeit für ihre Absprachen ein.
5. Überlasse die VA-Akquise im vereinbarten Rahmen deinen VAs.
6. Standardisiere darüber hinaus alle regelmäßig anfallenden Prozesse und reduziere bewusst die Prozessschritte, in die du selbst involviert bist, auf das Maß, das du dir selbst wünschst.

6 Das 10X-Kontinuum

Vom einmaligen zum skalierten Erfolg

Erfolg als 10X-Immobilienunternehmer zu haben, ist keine einfache Sache. Es wird nicht reichen, dass du dich zurücklehnst, auf das Schicksal vertraust und darauf wartest, dass sich der Erfolg einstellt.

Erfolg ist eben keine Glückssache – deshalb heißt mein Podcast auch

„Erfolg ist kein Glück".

Podcast:

Das gilt zumindest dann, wenn es um „Glück" im landläufigen Sinne geht. Ich persönlich habe eine andere Definition von Glück. Die hat dann doch etwas mit Erfolg zu tun ...

Zum Glück!

Für mich persönlich definiert sich Glück als das Zusammentreffen sorgfältiger Vorbereitung mit günstigen Gelegenheiten.

Denn stell dir zum Beispiel vor, es fällt dir ein Superobjekt mit einer grandiosen Rendite vor die Füße. Du hast jedoch nur einen halben Tag Zeit, um dich zu entscheiden. Bist du gut vorbereitet, hast du alles Notwendige dafür parat: deine Kreditlinie, den Kontakt zu Banken, dein Know-how zur Abwicklung, deine Assistenzen, um den Kauf abzubilden und so weiter. Du kannst sofort zugreifen.

Du kannst diesen Mega-Deal machen.

Alle, die wenig Ahnung von Immobilien haben, werden hinterher sagen: „Was hat der für ein Glück gehabt!"

Ja, so ein Objekt ist ein Glücksfall. Aber direkt vom Himmel in deinen Schoß ist der Deal nicht von alleine gefallen: Du hast unfassbar viel für die Vorbereitung getan – nicht nur für die operative Vorbereitung des Kaufs, sondern schon im Vorfeld für deine Akquise. Es ruft schließlich keiner bei dir an und unterbreitet dir einen Deal, wenn du dich nicht vorher in den Markt eingearbeitet und bekannt gemacht hast, nach was du suchst.

Um in den Genuss dieses Glücks zu kommen, brauchst du Vorbereitung, Vorbereitung, Vorbereitung und Umsetzung, Umsetzung, Umsetzung.

Du brauchst Vorbereitung, Vorbereitung, Vorbereitung.

Alles, was du in diesem Buch liest, dient genau dieser Vorbereitung auf dein Glück als 10X-Immobilienunternehmer – jeder einzelne Passus. Es zeigt dir, WAS zu tun ist und WIE du es tun kannst. Jetzt liegt der Ball bei dir.

Zur Umsetzung

Mit der Umsetzung beginnen kannst du hier und jetzt – ganz egal, wo du aktuell stehst. Greife dir für den Anfang ruhig nur ein Kapitel heraus. Nach kurzer Zeit wirst du feststellen: Es funktioniert!

Diese ersten Erfolge werden dich beflügeln, auch die nächsten Schritte zu gehen. So arbeitest du dich Stück für Stück voran.

Du arbeitest dich Stück für Stück voran.

Und falls es nicht im ersten Anlauf funktioniert, denke an den Starbucks-Gründer Howard Schultz: Er klapperte 242 Banken ab, bevor er seine Finanzierung bekam – das ist der Biss, den du brauchst.

Lasse dich also niemals entmutigen! Versuche es ein zweites, drittes, viertes Mal. So lange, bis du dein Ziel erreicht hast.

Voraussetzung ist, dass du dein Ziel kennst und im Blick behältst.

Zum Ziel

Dein Ziel ist dein Fixstern, und du wirst deinen Weg dorthin finden.

Wahrscheinlich wird dieser Weg nicht immer leicht sein. Wahrscheinlich denkst du ab und zu sogar ans Aufgeben. Aber wenn dein Ziel stark genug ist, wirst du diese Tiefs überwinden. Vielleicht auch mithilfe der Impulse aus diesem Buch.

Alles, was ich dir hier aufgeschrieben habe, ist von mir in der Praxis erprobt und hat sich im Alltag eines 10X-Immobilienunternehmers bewährt – dafür lege ich meine Hand ins Feuer. Aber ist mein System deshalb fertig? Auf keinen Fall.

Mein System ist vermutlich niemals fertig!

Auch mein System entwickelt sich immer weiter. Muss und kann es auch, wie die Marktveränderungen in den zurückliegenden Jahren nachdrücklich gezeigt haben.

Zur Freude

So hatte ich bis 2021 im Akquisebereich eine ganz andere Vorgehensweise. Die durfte ich innerhalb von wenigen Monaten komplett überarbeiten. Das gefiel mir in diesem Moment überhaupt nicht – und meinen Akquisiteuren erst recht nicht. Im Nachgang jedoch habe ich mich darüber gefreut.

Ich habe mich nicht nur deshalb gefreut, weil mein Unternehmen die kritische Zeit des Umbruchs gut überstanden hat und wir dank unserer zügigen Umstellung sogar ungeahnte Chancen ergreifen konnten.

Ich freute mich noch mehr über den bestandenen Realitätscheck meiner 10X-Organisation.

> **Ich freute mich über den bestandenen Realitätscheck.**

Das System hat sich im Kern in allen Punkten als extrem anpassungsfähig und flexibel erwiesen: flexibel in Kosten, flexibel in seinen Möglichkeiten.

Ich habe erlebt, dass ich alles, was ich an Fähigkeiten brauche, unglaublich schnell hinzugewinnen kann. Und alles, was ich nicht mehr brauche, kann ich unglaublich schnell reduzieren.

Etliche Immobilieninvestoren schrecken vor einem 10X-Wachstum zurück, weil sie befürchten, dass ihr Unternehmen mit wachsender Größe immer unbeweglicher wird. Die Gefahr ist da. Aber mein System hat bewiesen, dass Größe allein nicht das Kriterium ist. Es ist eine Frage der Organisation und eine Frage dessen, an wen du die Arbeit in deinem Unternehmen vergibst: an Mitarbeiter oder an mitdenkende Arbeiter, an Angestellte oder an Unternehmer.

Ein 10X-Immobilienunternehmen bleibt stets schlank und anpassungsfähig. Du kannst dessen Wachstum beschleunigen oder bremsen, je nachdem, was erforderlich ist.

> **Ein 10X-Immobilienunternehmen bleibt stets schlank und anpassungsfähig.**

Du hast keinen Klotz am Bein, sondern ein mächtiges Werkzeug, mit dem du in jeder Situation das Beste aus dem Markt herausholen und deinen Erfolg skalieren kannst – während du selbst frei von Raum und Zeit in finanzieller Gelassenheit arbeitest.

Klingt das zu schön, um wahr zu sein?

Ohne Zweifel!

Viele meiner Coachees haben tatsächlich zunächst Zweifel, ob sie in der Lage sind, dieses Ziel zu erreichen. Doch von dem Augenblick an, in dem sie die ersten Prozesse in die Hände von VAs geben, machen sie selbst die Erfahrung: Es funktioniert!

Sie beginnen daran zu glauben, dass auch sie dieses Erfolgskontinuum schaffen können. Und du kannst das auch!

> **Du kannst das auch!**

Ich würde mich sehr freuen, wenn du dich morgen schon auf den Weg machst zu deinem 10X-Kontinuum. Zur Vorbereitung bietet dir dieses Buch das nötige Wissen und wichtige Impulse. Damit kannst du den Erfolg und das Ziel mit deinen Immobilien erreichen, die du erreichen möchtest.

Denk immer daran:
Glück ist, wenn Vorbereitung auf Gelegenheit trifft.

In diesem Sinne wünsche ich dir viel Freude und Glück mit deinen Immobilieninvestments. Lass mich und andere gerne wissen, wie dir mein Buch auf deinem 10X-Weg geholfen hat:

Du findest mich auf Instagram unter @der.renditedoktor. Wenn du mehr wissen möchtest, schau dir gerne den Linktree an.

Instagram:

Linktree:

Dein Markus Beforth

Epilog: „Finanziell frei und gelassen leben."

„Als ich ihm meine Kündigung überreichte, ist ihm erst einmal die Spucke weggeblieben", gluckst Julia.

Sie sitzt gemeinsam mit Christian und Frank entspannt auf der Terrasse von dessen Reiheneckhaus. Lange hatten sie nach einem passenden Termin für den Gegenbesuch gesucht, doch nun hat es geklappt. Mit am Tisch sitzen Jonas, der inzwischen ausgezogen ist, und Franks Frau Sabine. Auch Sabines Mutter Erna hat sich dazugesellt. Sie sei ganz zufällig vorbeigekommen, behauptet sie. Frank jedoch argwöhnt, dass Erna nur darauf gelauert hat, „diese Julia" in Augenschein zu nehmen – die Person, die ihrem Lieblingsenkel die Flausen mit den Immobilien in den Kopf gesetzt hat.

Vor Kurzem hat Jonas sogar verkündet, dass er nach dem Abschluss seines Studiums als eine Art Mentee bei Julia mitarbeiten und parallel sein eigenes Immobilienunternehmen aufbauen werde. Er habe Julia gefragt, ob das geht, und sie habe zugestimmt.

Oma Erna ist entsetzt gewesen: „Wie bitte? Du willst dir keine Stelle suchen und stattdessen einen solchen Unsinn anfangen? Und was soll ich den Nachbarn erzählen, was du tust?"

Noch aber hält Erna sich an diesem Abend mit ihrem Groll zurück. Die Stirn in steile Falten gelegt, hört sie zu, wie Julia über jenen Tag berichtet, an dem sie ihrem Chef im Konzern verkündet hatte, dass sie aus ihrem Sabbatical nicht zurückkehren werde: „Und dann hat er mich mitleidig angesehen und gesagt: ‚Na ja, spätestens in ein oder zwei Jahren sehen wir uns eh wieder – man weiß ja, wie das läuft. Du sollst jedenfalls wissen, dass du uns jederzeit willkommen bist.'"

Julia bricht endgültig in lautes Gelächter aus. Alle stimmen in ihr Lachen ein. Alle bis auf Erna.

Die alte Frau sieht Julia vorwurfsvoll an: „Ich weiß nicht, was es da zu lachen gibt. Eine gute Anstellung einfach so wegzuwerfen. Zu meiner Zeit hat es das nicht gegeben!"

Zu Frank gewandt fügt Erna hinzu: „Gott sei Dank warst du nie so unvernünftig, Schwiegersohn."

In das betretene Schweigen hinein sagt Jonas: „Aber Oma! Julia und Christian haben sich diesen Schritt sehr gut überlegt und ihn ausgezeichnet vorbereitet. Das kann nur gut werden."

Christian setzt sich auf, beugt sich zu seiner Sitznachbarin hinüber und lächelt sie charmant an: „Liebe Frau Schmidt, Ihre Generation hat Großes geleistet, und ich bin sicher, dass Sie Ihren Anteil dazu beigetragen haben – wie man an Ihrer reizenden Tochter Sabine und Ihrem wohlgeratenen Enkel sieht."

Ernas Blick bleibt finster: „Ja, bis jetzt war mit dem Jungen alles in Ordnung – bis Sie hier hereingeplatzt sind und ihm komische Ideen in den Kopf gesetzt haben. Wohnungen kaufen! In seinem Alter! Die Schulden wird er sein Leben lang nicht mehr los."

Christian erwidert geduldig: „Seine Mieter werden ihm dabei helfen, ein Vermögen aufzubauen." Doch das bringt Erna erst recht in Fahrt: „Seine Mieter? In der Zeitung steht, dass heutzutage nur noch Messis und Mietnomaden unterwegs sind. Die werden meinen armen Enkel in den Ruin treiben."

Sabine geht dazwischen: „Mutter, nun übertreibst du aber maßlos. Jonas ist intelligent genug, sich nicht auf unnötige Risiken einzulassen."

„Wissen Sie, Frau Schmidt", schließt sich Christian an, „meine Frau und ich haben uns sehr viel Wissen rund um Immobilien angeeignet. Und wir freuen uns darauf, dieses Wissen mit Ihrem wunderbaren Enkel zu teilen – er wird nichts Unüberlegtes tun. Im Gegenteil: Wir sind sicher, dass er Sie mit seiner Tätigkeit in Zukunft stolz machen wird!"

Erna schnaubt, greift nach ihrem Gehstock und stemmt sich aus dem Gartenstuhl hoch: „Es reicht, ich gehe jetzt." Sie hebt drohend den Zeigefinger gegen Frank und Sabine: „Ihr werdet schon sehen, was ihr davon habt, euer Kind ins Unglück rennen zu lassen – ich habe euch gewarnt! Sagt mir nur noch eines: Was soll ich denn jetzt den Nachbarn erzählen?"

Christian zwinkert Julia und Jonas zu, bevor er anstelle von Frank und Sabine der entrüsteten, alten Dame antwortet: „Sagen Sie ihnen einfach, Jonas arbeite daran, dass andere ein Dach über dem Kopf haben und dass er selbst dadurch finanziell frei und gelassen leben können wird ..."

ForwardVerlag

SPIEGEL Bestseller

Titel:	Goldene Zukunft
Untertitel:	Wie Bitcoin alte Prinzipien neu belebt und zur Chance des Jahrhunderts wird
Autor:	Florian Bruce-Boye
ISBN:	978-3-98755-112-3

„Goldene Zukunft" ist dein Schlüssel zu einem tiefen Verständnis des bedeutendsten finanziellen Paradigmenwechsels unserer Zeit. Wir verbringen unser ganzes Leben damit, Geld zu verdienen, aber keine Sekunde damit, Geld zu verstehen.

Dieses Buch bietet Erklärungen, die jeder verstehen kann, verankert in der Geschichte der Menschheit und reinem Menschenverstand. Es beantwortet nicht nur die drängenden Fragen rund um Bitcoin, sondern adressiert auch die Skepsis, die viele Menschen gegenüber dieser neuen Technologie hegen.

Es ist eine unverzichtbare Lektüre für jeden, der verstehen möchte, was Bitcoin ist und wie etwas Ungreifbares wie digitale Währungen einen enormen Wert erlangen kann.

ForwardVerlag